扫码免费收听
更多家庭教育内容

P.E.T.
父母效能训练
中国实践篇

属于中国家庭的
亲子沟通艺术

张 卓 ◎ 主编

人民东方出版传媒
东方出版社

图书在版编目（CIP）数据

P.E.T. 父母效能训练 . 中国实践篇 / 张卓主编 . —北京：东方出版社，
2017.10
ISBN 978-7-5060-9730-7

Ⅰ. ① P… Ⅱ. ①张… Ⅲ. ①亲子关系—家庭教育 Ⅳ. ① G78

中国版本图书馆 CIP 数据核字 (2017) 第 252562 号

P. E. T. 父母效能训练中国实践篇
（P.E.T. FUMU XIAONENG XUNLIAN ZHONGGUO SHIJIANPIAN）

作　　者：张　卓
策划编辑：鲁艳芳
责任编辑：杨朝霞
特邀策划：周　朋
出　　版：东方出版社
发　　行：人民东方出版传媒有限公司
地　　址：北京市朝阳区西坝河北里 51 号
邮　　编：100028
印　　刷：北京联兴盛业印刷股份有限公司
版　　次：2017 年 11 月第 1 版
印　　次：2017 年 11 月第 1 次印刷　 2020 年 3 月第 7 次印刷
开　　本：710 毫米 ×1000 毫米　 1/16
印　　张：12.5
字　　数：167 千字
书　　号：978-7-5060-9730-7
定　　价：36.00 元
发行电话：（010）85924663　 85924644　 85924641

▌前言

　　诞生于 20 世纪 60 年代的 Parent Effectiveness Training（P.E.T.，P.E.T. 父母效能训练）是全球最早的父母教育课程之一。进入 21 世纪后，中国大多数的家庭开始注重家庭教育，意识到父母在养育子女中所起到的举足轻重的作用。2013 年年初，我开始在北京推广 P.E.T. 理念，从年初的讲座到当年 5 月份的北京第一期"P.E.T. 父母效能训练工作坊"（P.E.T. 工作坊），再到后来我成立"家成长"，初衷都是为了持续地在中国推广 P.E.T. 理念，截至 2017 年 3 月，全中国已经有成千上万的父母开始学习和践行 P.E.T. 了。这些父母们有的自己组织或者参加"P.E.T. 父母效能训练"读书会（P.E.T. 读书会），有的参加讲座，有的参加了正式的 P.E.T. 工作坊，目的都是希望能够有更和谐的亲子关系。其中，还有一小部分 P.E.T. 工作坊学员开始参加 P.E.T. 父母效能训练讲师工作坊，希望成为 P.E.T. 理念的传播者。可见，以人本主义心理学理论为基础的 P.E.T. 课程也是符合中国家庭的实际状况的，并没有因为它是由美国心理学家创立的而导致来到中国就出现"水土不服"的情况。

　　20 世纪 70 年代，继《P.E.T. 父母效能训练》[①]出版十年后，作者托马斯·戈登博士了解到很多父母看完书后虽然十分认同和理解其中的观点，但是在现实与孩子互动的过程中依然很难运用出来，进而出版

---

① 本书中文版已经在中国内地出版。

了《P.E.T. 父母效能训练实践篇》[1]。《P.E.T. 父母效能训练实践篇》用大量的文字记录和分析 P.E.T. 要如何正确地应用到日常的沟通中，借由《P.E.T. 父母效能训练实践篇》的思路和经验，我也计划把 P.E.T. 在中国推广的这几年里，中国父母的感悟编写成一本中国的"P.E.T. 实践篇"，让更多的中国父母了解和熟悉 P.E.T. 理念在中国的家庭中是如何被运用的，于是这本书就产生了。

这本书中的文章都来自 P.E.T. 讲师以及参加过 P.E.T. 工作坊的学员，作者的身份有父亲、母亲，还有非父母，这些文字都是她（他）们各自家庭真实情况的记录以及她（他）们的心路历程。在收集这些文字的时候，我发现，P.E.T. 不仅能够很好地帮助家长跟孩子沟通，建立良好的亲子关系，同时也能够让很多的 P.E.T. 学员改善她（他）们跟自己父母的关系或者跟周围其他人的关系。这里之所以用"P.E.T. 学员的称呼"，是因为我们的 P.E.T. 学员中有相当一部分并非父母，她（他）们有的是学校的老师，有的是公司职员，通过她（他）们的文字，读者也可以了解到为什么托马斯·戈登博士会说这是一套可以用于改善所有人际关系的理论了。

本书以 P.E.T. 中行为窗口[2]的结构为索引，把每一篇文章归属到不同的区域中，这样会让读者能够用更加清晰的脉络来阅读本书。

最后，要特别感谢当我有了想要出版本书的想法后所有给我发来自己文字的北区 P.E.T. 讲师们，虽然有部分文字最终没有被选入本书，但并不意味着这些文字的品质低于本书中的内容，只是因为本书编撰脉络的原因才不得已忍痛舍去。我真诚地希望大家能够享受一次有益而充实的阅读之旅。

张卓

P.E.T. 父母效能训练课程推广人

家成长创始人

---

[1] 本书中文版已经在中国内地出版。

[2] 行为窗口：P.E.T. 父母效能训练中的经典沟通模型，详情见第一章。

目录
Catalogue

第一章
行为窗口和
P.E.T. 的两个核心原则

· 行为窗口 ·

· P.E.T. 的两个核心原则 ·

不一致原则

问题归属原则

行为窗口

托马斯·戈登博士把孩子可能出现的行为——他（她）的每一件事或者说的每一句话，象征性地用一个长方形包括，这个长方形被他称作"行为窗口"（图1）。

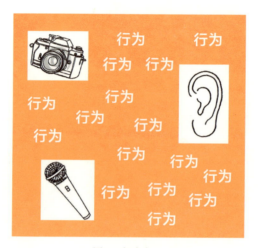

图1 行为窗口

父母对孩子行为的反应分为两种情况，那就是"接受"和"不接受"。因此，以上的行为窗口会被分为两个区域。通常我们把父母能够接受的行为放在上半部分，称为"可接纳行为"；不能够接受的行为放在下半部分，称为"不可接纳行为"。如图2所示。

图2 行为窗口分成两个区域

"行为窗口"可以说是 P.E.T. 理论的主心骨，它是怎么被"发现"的呢？以下是托马斯·戈登博士的自述。[①]

一天清晨，我坐在厨房的窗户前喝着第二杯咖啡，眼睛直直地看着窗外。我看到在邻居家的车道上有几个孩子正在打篮球。我很早就是篮球球迷，当我还居住在加州时，我手里就有湖人队整个赛季的球票。我看到这些孩子们的篮球技艺高超，运球熟练，甚至可以"绝杀"。

忽然，球被打到了我这边的车道上，两边的车道中间是一块新开辟的花园，刚刚种上花。我紧张地站了起来，这样我就可以看清花会不会被踩到。那些男孩子们都很小心，他们小心翼翼地将篮球捡走而没有伤害到一花一草。我长舒一口气，坐回去继续享受我的那杯咖啡。

在去办公室路上的二十分钟时间里，厨房窗户外发生的那一幕不断在我脑中浮现。我经常会听人们说起那种"顿悟"的经验，那种灵感一现，真的可以形容我那天早晨的经历。我意识到我通过厨房窗户看到的这一切正是我一直在找寻的"模式"。当我透过厨房窗户的上半部分看到孩子们打球时，我感觉很开心，这种感受在当时被称作"正面氛围"。

啊哈，紧接着，当球跑进了我的花园，我必须站起来，透过窗户的下半部分来看，因为花园在窗户的下面。而这时的我很担心，害怕我的新花园遭殃。不过，它们免遭一劫，这让我松了一口气。同时，我有了这个模型——窗口。

到了办公室，我坐在办公桌前，立即画下了这个"窗口"。为了让它看起来更为贴切，我又花费了一些时间。之后，我组织了

---

① 原文来自于 GTI（Gordon Training International）网站，已经获得 GTI 授权翻译成中文并且发表。

会议，并为大家演示了我这个"窗口"，大家给了我更多的建议，

我没有想到的是，他们一致给了我这个"窗口"概念的通过票。

——托马斯·戈登

"行为窗口"是整个P.E.T.的核心架构，它支撑起了P.E.T.理念所有的框架，由于它是由戈登博士所发现的，所以也被称作"戈登模型"。

P.E.T. 的两个核心原则

亲子间的沟通是否更加有效，取决于父母们是否真正理解了P.E.T.的理论模型。只有当父母们了解了在什么时候、什么状态以及为何使用这些技巧后，这些技巧才能够生效，如果正在阅读本书的你还没有阅读过《P.E.T.父母效能训练》或者《P.E.T.父母效能训练实践篇》的话，阅读本章节的内容能够更好地帮助你理解P.E.T.的核心原则——不一致原则和问题归属原则，也能够帮助你更好地理解这本书。

不一致原则

"父母必须保持一致"或者"父母必须统一战线"是最容易被父母所采纳的观点，这个不知道是从什么时候开始的观点，往往使父母觉得必须伪装自己而失去了自身的真实性。实际上，父母也会因为心情和所处环境的不同，而对孩子的行为有不同的反应。比如，父母心情低落、失眠或疲惫时，对孩子的某些举动较容易动怒；而心情愉快时，则较容易接受孩子的行为。又比如，孩子的一些行为，在自己家里时父母可以接受，而在朋友家或者公共场所则容易引起父母的负面情绪。

P.E.T.的基本理念认为，这种前后不一致的情况是无可避免的，因人、因时、因地，父母的反应总是会有"不一致"。但是，"父母可以前后矛盾"并不代表容许父母为所欲为，只要让父母认清这是"真实的人"都

会出现的状况即可。

在图 3 的行为窗口中，孩子相同的行为会因父母的身体和心理状况而被接纳或不被接纳。

父母心情愉快、精力充沛或者正在忙自己事情的时候，孩子用力敲打玩具或者拿着 iPad 玩游戏。

父母心情低落、疲惫或者想自己安静休息一下的时候，孩子用力敲打玩具或者拿着 iPad 玩游戏。

图 3　孩子相同的行为会因父母的身体和心理状况而被接纳或不被接纳

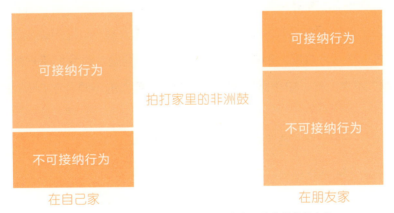

图 4　同样的行为在不同环境下，行为窗口中接纳线的变化

天底下没有一个父母能永远接受孩子所有的行为，有些父母希望自己扮演好父母的形象，所以表面上装作接纳孩子的行为，内心却是不接纳的，因此是"虚假的接纳"。孩子是敏感的，父母究竟接不接纳，孩子总能分辨出真假。如果父母经常采用"虚假的接纳"方式，对孩子的心理

健康将产生不良的影响，甚至会使他们不再信任父母。因此，P.E.T. 的重要理念是，当无法接纳孩子的行为时，绝不假装接纳。

"不一致原则"就是：我们的情绪会变化，每个孩子的个性也都不同，还有所处环境不一样，这些让我们不可能每时每刻都保持一致。理解了这个原则，我们的焦虑和愧疚感就会减弱。我们只是人——作为人，面对孩子时，我们的感觉不会一成不变。认识到这一点，做父母就会轻松一些。

——托马斯·戈登《P.E.T. 父母效能训练实践篇》

问题归属原则

托马斯·戈登把亲子关系中的问题分为三类：孩子拥有问题、父母拥有问题和双方都没问题。

对于刚刚接触 P.E.T. 理论的父母来说，要了解 P.E.T. 中提到的"问题"是一件很"烧脑"的事情，因为这里的"问题"跟我们平日所说的"问题"不太一样。由于原著翻译以及中英文意义的不同，在 P.E.T. 工作坊中我们会提到"是谁拥有问题"。例如：在公共图书馆里，孩子大声喧哗、嬉戏、打闹等，孩子的这些行为给父母带来了困扰（问题），父母希望纠正孩子的行为，让孩子能够安静，在这种情况下，我们说"父母拥有问题"，父母在问题区。又如：孩子在学校因为没有朋友而沮丧，因为被同学嘲笑而情绪低落或者愤怒，也可能因为碰到了其他的麻烦而产生了负面情绪，这些都是孩子自己生活中出现的困扰，这没有给父母带来任何困扰，在这种情况下，我们说"孩子拥有问题"，孩子在问题区。行为窗口与问题归属的对应关系如图 5 所示。

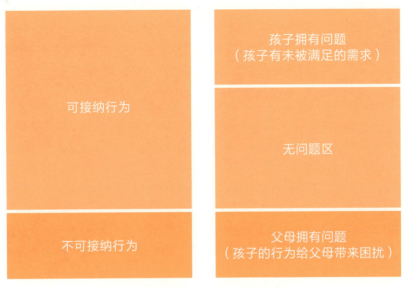

图 5　行为窗口与问题归属的对应关系

归纳一下，可以这样理解：

- 孩子拥有问题（孩子有未被满足的需求）：孩子要满足自己的某种需求却受到阻挠，此时问题属于孩子，因为孩子的行为对父母自身需求的满足并不发生本质的干扰。

- 无问题区：孩子满足了自己的需求，孩子的行为也未干扰到父母自身需求的满足。

- 父母拥有问题（孩子的行为给父母带来困扰）：孩子虽不受干扰地满足了自己的需求，但这个行为却阻碍了父母满足自身的需求，这时父母处在了问题区。

- 在亲子关系中还有一种状况——双方都有问题，亲子双方都互相干扰了彼此需求的满足。P.E.T. 中将这种状态称为"需求冲突"。在这种情况下，就要用到"解决冲突的双赢法"，在 P.E.T. 中我们叫作"第三法"。

问题归属原则之所以如此重要，是因为很多父母都会混淆问题归属，为本该属于孩子的问题承担责任，而不是鼓励孩子去解决自己的问题。

——托马斯·戈登《P.E.T. 父母效能训练实践篇》

正如托马斯·戈登博士所说，问题归属原则的重要性再怎么提都不为过，因为家长首先必须弄清楚问题在哪一方，也就是弄清楚问题的归属，之后我们才能够使用 P.E.T. 所提到的沟通技巧。

当孩子处于问题区时，父母们总想去帮助孩子解决问题，代替孩子成为问题解决的主体。当问题解决不了时，父母一方面可能将负面情绪发泄给孩子，另一方面也可能会谴责自己。在 P.E.T. 理论中，如果问题是属于孩子的，父母使用积极倾听的技巧是最恰当和有益的。如果父母意识到自己内心产生了对孩子行为"无法接受"的感觉，或者直接被孩子惹怒，或者对孩子的某些行为产生恐惧或者焦虑而使自己变得紧张或不舒服的时候，这都意味着孩子的行为给父母带来了困扰，父母处于问题区。这时父母需要使用一些方法来帮助自己，这是使用"我—信息"的好时机。但有趣的是，父母在用"我—信息"表达自己需求的时候，并非每次都能够得到孩子的理解。有时候，孩子明白了自己的行为给父母带来了困扰，但并不愿意改变或者停止自己的行为。在 P.E.T. 中，我们将这种状况称为"需求冲突"，而要解决给双方带来的困扰，就需要使用"解决冲突的双赢法"——第三法。

问题归属与应对技巧的对应关系如图 6 所示。

图 6　问题归属与应对技巧的对应关系

　　我们学习 P.E.T. 的目的，并非成功地使用 P.E.T. 中所提供的技巧，而是扩大父母和孩子的 "无问题区"，因为在这个区域里，亲子双方都不拥有问题，双方的需求都能得到满足，父母和孩子可以在一起享受快乐的亲子时光（图7）。

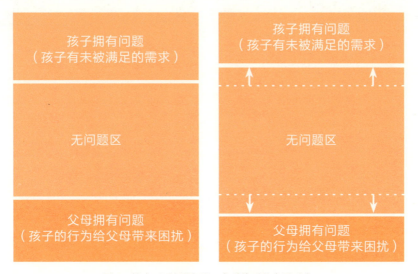

图 7　扩大 "无问题区"，享受快乐的亲子时光

第二章
倾听，了解
孩子行为背后的声音

· 导 言 ·

· 每个孩子都是奋力向前的蜗牛 ·

· 起风了，愿你随风而行 ·

· 妈妈，我被打了！·

· 一不小心，你就成了榜样 ·

· 披荆斩棘的，不一定是王子 ·

· 看，是石头在满天飞 ·

· 妈妈，明天还是周末吗？·

导 言

在 P.E.T. 的整个架构中，当孩子处于问题区时，父母需要给孩子支持，也就是 P.E.T. 中提到的支持技巧。戈登博士强调，要成为能够给孩子支持的父母，父母的说话方式非常重要。父母对孩子说的每一句话、亲子间的每一次交流，就好像正拿着一块块的砖建筑着他们之间的"关系宫殿"，久而久之，孩子自然能了解自己在父母眼中的模样。戈登博士在《P.E.T. 父母效能训练》一书中提到，父母在开始跟孩子沟通之前，必须先了解 12 种沟通障碍——P.E.T. 中称之为 12 种"绊脚石"。

1. 命令、指挥、控制：给孩子一个指示命令，规定他们该怎么做。
2. 警告、威胁：警告孩子，如果敢做某事的话将会招致什么后果。
3. 规劝、说教：告诉孩子应该怎么做才对。
4. 提建议、给解决方案：给孩子建议或忠告，告诉他们如何解决问题。
5. 说服、教育：试着用一些事实、见闻或个人意见来影响孩子。
6. 批评、责备：否定孩子。
7. 赞扬、赞同：肯定孩子，并加以赞许。
8. 嘲笑、羞辱：让孩子觉得自己非常愚蠢。
9. 分析、解释：分析孩子的动机。
10. 安慰、安抚：同情支持，企图使孩子心情好些而不再沮丧。
11. 调查、质问：问一些问题，企图找出原因。
12. 转移注意力：转移话题，分散孩子的注意力。

一般人若被他人以上面 12 种"绊脚石"回应的话，通常会有以下的感受或反应。

- 我会防卫、保护自己，并加以反抗。
- 我会觉得沮丧。
- 这样会让我觉得自己不行、差劲。
- 我觉得对方不相信我有办法解决困难。
- 我会和对方辩论，并反驳他的话。
- 我会有罪恶感，并认为自己坏透了。
- 我觉得对方不了解我真正的想法。
- 我觉得对方像个父亲，而我则是不懂事的孩子。
- 我觉得被干涉。
- 我似乎在接受审判。

如果不这么说，还有哪些更好的谈话方式呢？ P.E.T. 建议父母采用"敞开心胸"的谈话方式，以便使孩子更愿意对家长吐露心声。例如：

1. 没有价值判断的简单回答

原来如此

嗯哼

很有意思

真的

2. 清楚地表达"接纳"的回答

告诉我吧

我对你的看法很感兴趣

你愿意说吗？

我们谈谈这件事好吗？

使用这种敞开心胸式的说法，大部分的人会感到被尊重和被接纳。在沟通的过程中，父母不应加入个人意见或感受，孩子则会因为父母敞开心胸而与之亲近，并有可能将心声吐露出来。

当确定了问题归属于孩子时，就是父母使用"积极倾听"的最佳时机了。"积极倾听"是 P.E.T. 父母效能训练以及 P.E.T. 工作坊的重心所在。运用积极倾听技巧时，听者必须试着了解对方的感受，然后用自己的话向对方求证，听者不可加入自己的意见、评价或劝告等任何一种沟通"绊脚石"。父母解读出孩子的信息，促使孩子能表达更多自己的想法，进而让孩子自己寻求解决之道，关键是把解决问题的责任留给了孩子。例如：

> 儿子：小华今天不和我玩了！我以后再也不和他玩了。
>
> 母亲：小华不跟你玩，所以你很生气。
>
> 儿子：对呀！我要跟他一刀两断！
>
> 母亲：你气得不想再见到他。
>
> 儿子：对，但是我失去这个朋友就没有人和我玩了。
>
> 母亲：你讨厌自己一个人玩。
>
> 儿子：对的，我想我必须用别的方式来和小华相处。

戈登博士多年的 P.E.T. 授课经验告诉读者，即使没有受过心理训练的父母，只要有心又有主动的态度去学习"积极倾听"，成效也会令人喜出望外。

每个孩子都是奋力向前的蜗牛

张　翼

如果生命的过程全是直线，

那么对于蜗牛来说，

这样的生命该多么无聊。

如果所有的"快"都是好的，

那么"慢"就是我的，

我慢，但我从不后退。

如果狮子因为捕捉到斑马而快乐，

那么，我从树干爬上枝头便是我的幸福。

因为我看到了日出和日落。

如果我是我步伐的主人，

那么，

我更是我人生的主人。

（允许孩子做蜗牛，就要面对她"慢慢"的步伐）

2016 年 10 月的一天，我突然收到酒窝语文老师的微信，内容是："酒窝的 13 和 14 课的听写成绩不好，这几天有时间再帮孩子听写一遍吧！谢谢！"

老师并没有对孩子做出评判，只是就事论事说了成绩的问题，及时将情况反映给了家长，提出了自己的需求，好像是朋友的嘱托。从字里行间，我非常能感受到老师的专业和尽职尽责。

随文字发来的是酒窝听写成绩单的图片，一次 66 分、一次 76 分，成绩确实不高。我在微信里谢过了老师的提醒，内心忐忑，寻思着怎么和孩子沟通。

酒窝上到三年级，我和太太决定放手由她掌管自己的学习。有时看着她像只蜗牛一样慢慢地"虚度"年华，我内心里不时地翻腾着爸爸的碎碎念："多看看书吧！""把上次不会的复习一下！""要不要把钢琴再学起来？"……但最终，赢了的还是这个声音："放下吧！交给她吧！相信她可以做好啦！"

酒窝肆意地用她的方式挑战我们的接纳线，稍微一用力，她就会缩到壳里。面对这样一只小蜗牛，能有发自内心的接纳真的不容易。酒窝成绩并不出众，且起起伏伏。但我们依旧守着"交给她吧"的信念，有时眼睁睁地看着她走弯路，但还是忍住了——让她依着自己的生命节奏野蛮生长吧。

这一次，收到语文老师诚恳的信息，质疑的声音又一次涌了上来——她真的可以管理好自己吗？

酒窝回到家，若无其事，依旧干着自己的事情。

我反倒像是一位初次参加舞会的少女，等待着英俊少年发现我，然后走过来。我等着她向我表白说："爸爸，我老实说吧，我没考好，我需要你的帮助。"嗨，又做梦了！（我的妄想症犯了……好吧，我承认我现在"拥有问题"，她好好的，没有问题）

我决定主动沟通，在我俩都相安无事的情况下，我把酒窝叫过来，说道："酒窝，爸爸今天收到语文老师的微信，她告诉我说，你连着两次的语文听写成绩都不好，她希望我能帮你再听写一遍。"说完，我便停下来等她的反应。

酒窝飞快地回到房间，把她的听写本拿给我看："爸爸，这是这两周的听写，的确不是很好。"

"喔！"我简单地回应。

"第一次得 66 分时，我就很想下次好好准备，能考得高些。"

"你希望再考高些……" 我回应道。

"对，我希望至少要到 80 分。"

这话让我舒服了很多，最起码人家还是有目标的。

我好奇地问她："为什么要考到 80 分以上？"

酒窝答道："老师说，考到 80 分就不用家长签字了。"

闻听此言，我隐隐感觉到我背后浮现出了三条黑线，好 "冷" 好 "冷"。

"喔，你不希望让家长签字。"

"嗯，但还是没达到 80 分。" 酒窝显然有些失望。

"酒窝，你觉得你已经努力了，但还是没达到目标，有些失望，是吗？"

酒窝点点头，表示同意。

积极倾听让我渐渐地走入孩子的内心，了解到她其实想要更好的结果，自己正在摸索方法，开始担负起学习的责任。这不正是我想要达成的目标吗？——做孩子的顾问，陪伴她接近问题，看到自己的价值。

我说："爸爸告诉你爸爸的感受啊。首先呢，这些分数是在爸爸妈妈没有帮助你的情况下，你完完全全靠自己得到的，对吗？这是你自己学习的真实结果反馈。"

酒窝点点头，好像还想听下去。

"第二次你通过努力，一下子提升了 10 分，从 66 分到了 76 分。虽然没有达到你的目标，但离你的目标只差 4 分，这个进步也是非常了不起的。"

酒窝继续点头。

"爸爸想问你，下次考试你需要我帮你做些什么吗？"

酒窝回答："爸爸，你只需要把过去这两课帮我重新听写一遍就好了。下次考试我知道我该怎么办了。"

"OK！"我爽快地答应了，选择了信任她，不再过问。

一周以后，酒窝放学回到家，欢快地把听写本拍到我的面前，新的听写成绩下来，竟然是 92 分。

好吧，我必须承认我很开心，因为我看到了酒窝用自己的力量拓展了她的格局。从 66 分到 92 分，我见识到她有能力去管理自己的功课。对于一个全然可以靠内在动力去调整自己的孩子来说，考低分不意味着她不行，高分也不意味着她每次都必须优秀，主动权在她那里。为了帮她看到自己的成长过程，我帮她做了一张这三次成绩的波形图。然后，偷偷打电话给酒窝妈，嘱咐她晚上顺路带一块酒窝喜欢的蛋糕回来听酒窝的分享。

晚餐时，我和太太围坐在餐桌旁，一边吃着蛋糕，一边听酒窝分享，蛋糕甜甜的味道裹挟着她波澜起伏的回忆。我想，她的"背包"里又多了一颗"能量宝石"。我微笑着注视着这个神气活现的女孩，仿佛看到一只奋力向前爬行的蜗牛，虽然慢吞吞的，尝试着寻找自己的道路，但是谁又能说她亲自体验的人生不够精彩呢？

酒窝，你让我意识到每个生命都值得相信。爸爸愿意倾听你、相信你、陪伴你，等着你慢慢长大。

作者自评

当得知孩子的考试分数后，父亲敏锐地觉察到自己内心的"忐忑"，但并没有立马跟孩子进行沟通，而是选择了一个"在我俩都相安无事的情况下"的时刻进行，显然，父亲已经调整好自己的状态，这也是父母在准备做倾听时所应当具备的状态。在接下来的倾听过程中，父亲逐渐了解到孩子也希望能够有更好一些的成绩，于是父亲放松了，孩子也放松了，在这样的氛围中孩子自己找到了改进的方法。虽然最终的听写成绩已经不再是重点，但不得不说听写成绩的突飞猛进，是父亲跟女儿之间和谐关系的最好证明。父亲的积极倾听有效地支持了孩子走出问题区，但整个"走出"问题区的过程是由孩子主导的，也就说孩子自己解决了"听写成绩不佳"这个问题，这样，今后类似的问题对孩子来说就不再是困扰，孩子的无问题区扩大了。

张翼

• P.E.T. 父母效能训练讲师
• 曼陀罗绘画静心工作坊讲师
• 曼陀罗生命密码解读师
• 心理咨询师

　　将艺术的美好与人性链接，通过自己不断践行，爱自己所爱、做自己所爱、活自己所爱，一步步地创造了和谐的亲子关系和亲密关系。从 2014 年开始遵从自己内心的需求生活，出于对艺术的敏感和对生活的热爱，发愿将生活活成艺术，并支持生命伙伴以轻松、愉悦的方式活成一个光彩夺目的自己。

起风了，愿你随风而行

张 翼

当我写下这段文字时，酒窝正在体验她人生中的又一个"第一次"，因为今早错过了校车，需要自己坐公交车上学。今天，初春的北京起了大风。公交车站，我俩站在早高峰的人群中。风硬硬凉凉地钻进我薄薄的单衣里，我不禁把酒窝护在怀中。忽然间，我内心生起了一丝犹豫，我问我自己，这样做是不是太冒险了，她毕竟还只是一个 9 岁的小女孩。

公交车进站了，容不得我多想，酒窝已经从我的怀里走了出去，登上了公交车，我下意识地问司机："这个公交车报站吗？"司机有些奇怪地看着我，说："报，每站都报。"

"酒窝，到学校后给我打个电话。"我冲酒窝喊了一嗓子。公交车关上了门，随着一阵风带走了酒窝，不知道她听见没有。

这是我和酒窝第一次没着没落的分离。

4 月 10 日晚

昨天晚上，酒窝早早地做完了作业。她提出要玩一会儿我手机上的"卡通农场"的请求。在我家，关于玩游戏，我们有这样一个约定：酒窝每周可以玩 50 分钟，之前是只可以在周末玩，但因为新学校的作业少，所以酒窝提出希望周一到周五也可以玩，但每周的总时长仍然不超过 50 分钟。当时，我觉得写完作业后留给酒窝的都是她的自由支配时间，而且她提出玩游戏时间也没有超过 50 分钟的时长，之前执行得很好，便同意了酒窝的请求。

昨天，酒窝玩游戏前，给自己设了 10 分钟计时，到时后，又加了 10 分钟。两个 10 分钟以后，她显然意犹未尽。

酒窝央求我说："爸爸，我想每周能不能多加一些玩游戏的时间？"

我知道我的小酒窝"导师"又开始给我出题了，显然，她有一个需求，处在"问题区"，我开始"倾听"她。

> 我说：喔，你希望加一些玩游戏的时间。那你想加多少呢？
>
> 酒窝说：加 20 分钟，每周 70 分钟。
>
> 我说：为什么要加到 70 分钟？
>
> 酒窝说：这样，我每天都可以玩，平均每天可以玩 10 分钟。
>
> 我回应道：嗯，你希望每天可以玩 10 分钟。
>
> 酒窝说：其实也不全是，我想有的时候可以多玩一些。你看，我现在作业做得那么快，我有更多的时间了，为什么不能多玩一会儿游戏。
>
> 我继续回应：喔，你希望有时候能玩更长的时间。
>
> 酒窝答：对，因为我现在需要在"卡通农场"里买猪，需要更大的场地，而且需要买爆米花机，因为我没有爆米花机，有好多人都找我买爆米花，我没法卖给他们，但这需要我达到更高的级别。
>
> 我说：哦，你希望有爆米花可以卖，需要有更高的级别。
>
> 酒窝：对，奇奇和奇奇妈都玩"卡通农场"，他们就有爆米花机。
>
> 我回应她：嗯，听起来，有爆米花机对你很重要。
>
> 酒窝：对。

随着沟通的深入，我也在细细地品着我内心对酒窝玩游戏的感受。我问自己，我是否真的能接纳酒窝增加 20 分钟玩游戏的时间。我内心的声音是"不接纳"，我不接纳我和她之前制定的原则被轻易地破坏，我不接纳她长时间玩游戏，我也不知道我该如何了解她实际玩游戏的时间。

虽然我会给予她更多的信任，但是，面对游戏的诱惑，我觉得我也有些无能为力。

我知道，我此时也进入了"问题区"。

> 我对酒窝说：酒窝，爸爸听你这样讲，知道你很想把游戏玩到更高的级别，很想买到爆米花机。但是爸爸也有一些困惑，爸爸不知道如何了解你实际玩的时间是 70 分钟。
>
> 酒窝想了一会儿，说：这样，我做一个表，每天一个格子，一共 7 个格子。里面记录我每天玩的时长，这样你就可以知道了，我自己也会算，不会超过 70 分钟的。

看，"导师"永远是解决问题的天才。

但我突然觉得，我不想再在方法层面和酒窝在玩游戏这件事儿上扯来扯去。"兵来将挡，水来土掩"弄得我好累，未来还会有 80 分钟、90 分钟，或者更多的需求，我又该怎么办？我想把玩游戏这件事儿全都交给酒窝管理。我想"让渡"我的管理权，由她来为自己的行为负责，给她松绑，也是给我松绑，我只是陪她去体验，去收获她为此可以习得的"礼物"。

> 我说：酒窝，爸爸想做一个实验，从今天起到这个周日，爸爸不再在你玩游戏的时间上给你限制，由你来安排学习和玩游戏的时间……
>
> 酒窝听到我这样说，简直不敢相信自己的耳朵，她瞪着大眼睛看着我：真的？
>
> 我说：当然，不过仅限这一周。我们在这一周里，每天要写下自己对玩游戏这件事儿的感受，下周一晚上我们俩再开会分享这些感受，我们再确定到底该如何设定你玩游戏的时间，可

以吗？

酒窝说：可以。

我继续说：我有一个条件，如果你身体不舒服，比如脖子疼、眼睛疼或者生病，还有学校老师给我打电话，反映你学习上出现了状况，我们都要停止这个实验。

酒窝同意。

然后，我找来纸和笔，把刚才沟通的内容写了下来，双方在上面签了字，算是约定生效。此时已经是晚上9：30，这本该是酒窝睡觉的时间，但酒窝刚刚获得了一直渴望的自由，双眼放光，她抓起了我的手机，跑到自己的房间玩了起来。晚10：30，酒窝把没有电的手机还给了我，然后去洗澡。晚11：00，酒窝洗完澡，给自己设了闹钟，将闹铃调到了最大声。（P.S.：我俩之前有约定，如果超过9：30上床，我不负责第二天早晨叫早）

4月11日早

早7：00

虽然床头的闹钟在早晨7：00准时响起，巨大的声音并没有影响酒窝的酣睡。我在厨房准备早餐，我告诉自己，这是她的体验，她需要为她的选择负责。

早7：50

上校车的时间已经到了，我平静了一下内心的小波澜，给校车老师打了电话，告诉她，我的女儿今天上午不能坐校车了。

早8：30

我听到了酒窝在房间里的声音："爸爸，我迟到了。"这声音带着哭腔。

我走过去，继续倾听：是，现在已经迟到了。

酒窝：是呀，我不想迟到，我已经好久都没迟到过了……

我也不知道该说些什么，便陪着她，静静地等她哭完。

酒窝哭了一会儿，待情绪好了些，我问她："你可不可以先吃点东西，我们商量一下该怎么办。"

酒窝同意，来到餐桌上抓起早餐吃了起来。她说："爸爸，你现在给老师写邮件，帮我请假。"

我品了一下我内心里的反应：我不想写。

我告诉她：酒窝，爸爸没法写这个邮件，因为爸爸不同意你因为迟到请假。我们既然选择这个学校，遵守学校的规定也是我们的承诺。

酒窝说：那我写。

我回应道：我不反对你自己写，但我不同意你因为迟到就不去学校了，因为现在的时间是上学的时间。

酒窝问我：那我怎么办？

我告诉酒窝：我一会儿还有事情要做，这次你要自己坐公交车去学校了。

酒窝又哭了起来：我不想一个人去学校。

我说：你不想一个人去上学，是吗？有些害怕？

酒窝点点头：对，我从没有一个人坐过公交车。

我找到了酒窝害怕的点，于是拿出了手机，用导航帮她找到了公交线路。这趟公交车是从小区门口直达学校，酒窝之前和爷爷坐过，也算熟悉。酒窝看着地图，和我一起找着车站的位置，比画着路线，我觉得她心里有数了。我告诉酒窝，爸爸会送你上车。然后在一张纸上写下了下车车站的站名，递给了她。

我说：酒窝，你上车后，可以把这个给售票员阿姨，请她提醒你在这一站下车。

酒窝说：不用，我自己可以听报站名。

酒窝吃过早饭，背上书包，我和她一起出了门。

接下来，便是本文开头的那一幕——分离。

早9：30

我接到酒窝从学校打来的电话，告诉我，她已经到校了。

4月11日晚

酒窝今晚的感受如何，她会如何利用她的时间，她是否可以利用自己的资源处理好学习、生活、玩游戏这些事情。对于一个9岁的小姑娘来说，她面临着这么多的挑战和问题，这些经历背后，究竟会让她获得什么样的"礼物"？

昨天，小酒窝错过校车，不得不一个人坐上了开往学校的公共汽车。大约40分钟以后，我的手机响了起来，来电备注显示并非北京的号码，我挂断了电话。几秒钟后，电话铃再次响起，那个外地的电话号码倔强地再次出现在我的手机屏幕上。我接起电话，对方是男性，外地口音。

我张嘴刚要说："不买……"

"我是学校保安，你女儿想要和你通电话……"对方抢在我前面说。

我忙应道："好！"

电话那头传来了酒窝的声音："爸爸，我到学校了。"

"好！"我一颗悬着的心总算是落了地。

我刚要对着电话那头说几句感谢的话，对方已经挂断了电话。

酒窝放学回家，把书包撂在了门厅，径直找我要手机。我心里说，本以为你经过上午这么一折腾，该有些反思吧，没想到好了伤疤忘了疼。我心里不愿意，但拿着手机的手已经伸了出去。我给自己挖的"坑"，咬着牙也要跳下去。我假装"淡定"地把手机给了酒窝，这家伙像是从主人手里刚刚讨到骨头的小狗，一溜烟地钻到角落里，摆个舒服的姿势，心安理得地玩起了游戏。看着这一幕，我开始怀疑我对待酒窝玩游戏这件事该不会是"虚假接纳"吧。

我的的确确无法接受酒窝不受限制地玩游戏，我内心里那个"可爱"的女儿应该像我小时候一样，无条件地把完成作业当成责任。我像她这么大时，我的作业几乎都是在学校完成，为此还一度成为班里的榜样和"风云人物"。但这样的美德也许是隐性基因，并没有在酒窝身上体现出来。话说回来，我虽无法接纳酒窝不受限制地玩游戏，但我真心觉得体验是最好的老师，我愿意和她一起去经历这个为期 7 天的试验，用这样的方式"折磨"自己。我很好奇，如果女儿用我不认同的方式去生活，究竟会对我们彼此造成什么样的影响。对我而言，酒窝就像是一个爱冒险的导游，带我去看看我未曾经历过的风景。我也想把这次试验当作一个"觉察自己"的机会，我想知道我对孩子玩游戏这件事的底线在哪里。

做完晚饭，我请酒窝上桌吃饭。酒窝举着手机，低着头，上半身保持着玩游戏的状态，被自己的两条腿带到餐桌旁，落座，吃饭，她的眼睛一直没有离开手机屏幕。我感到深深的孤独。我实在忍不住了，想跟她说说我当下的感受，发一个面质性"我—信息"。

我说：酒窝，爸爸想跟你说说我现在的感受。

酒窝眼睛抬了起来，看着我，似乎是邀请我把话说下去。

我说：酒窝，你放学回家后，找爸爸要手机，爸爸把手机给了你……

酒窝点点头。

我接着说：但你从回家以后到现在一直在玩游戏，爸爸第一次觉得好孤独。

酒窝有点吃惊，问：为什么？

我说：通常，你回到家，都会和我说会儿话。但今天你回家，只是管我要了手机，之后就再没跟我说过话了。我突然觉得，虽然我就在你身边，但我好像并不存在……我也想听听你今天的感受。

酒窝愣了一会儿，说：其实我现在很想让今天赶紧过去，又不希望今天赶紧过去。

我问：为什么？

她说：希望赶紧过去呢，是因为明天就可以去上我喜欢的报纸课了。不希望赶紧过去，是因为我想能有更多的时间像今天这样玩游戏，因为今天过去了，我就少了可以不限时玩游戏的一天。

我问：那玩游戏给你带来什么感觉？

她说：挺开心的。因为玩游戏可以以最快的速度让我开心。

我说：你希望你的课外时间可以更开心一些。

酒窝说：对……其实，能让我开心的事情很多，但是游戏是最容易、最快的。

我说：你希望可以以最快的速度获得开心的感受。

酒窝：是，其实我并不是非要玩游戏。

我继续倾听，保持沉默。

酒窝：是这样，因为我做完作业后，觉得很无聊，就想找些我喜欢的事情去做。比如我喜欢骑车，但如果只是在小区里骑，我觉得太没意思了，如果去奥林匹克森林公园骑，就要花挺长时间的，要好几个小时……然后呢，我还喜欢烘焙，但这要做好多的准备，买材料，收拾工具，每次要做得很晚，我没办法天天做；

还有就是画画，画画比较容易实现，我也喜欢画画，但是我现在已经没有灵感了，我一拿起笔就紧张……我已经学了四年画画了，几乎学了所有的技法，我现在想画自己想画的东西，但是，每次上画画课，我都要按照老师出的题目画，我已经没有感觉了。

我回应她道：你希望能给你更大的自由去创作，让你可以按照自己的想法来画。

酒窝：是。

我突然想起之前看过一篇关于澳大利亚的小姑娘自由绘画的新闻。于是我搬过电脑，找到了这条新闻，请她看。

她默默翻看着新闻，过了良久，她突然转过头非常认真地说："爸爸，我知道了，每个人身体里都有一头野兽，但我的野兽慢慢地被关在了笼子里，这个世界99%的人身体里的野兽都被关在笼子里，出不来了。"

说到这里，酒窝有点伤感："我觉得我的野兽至少有一半已经进了笼子里了。"

她的话让我心里翻腾了一下，我心里不是也同样住着一只被困住的野兽吗？我不也一直在为放出那野兽而折腾着自己吗？酒窝玩游戏，是希望通过玩游戏喂养她心中的野兽，让它在寂寞的笼子里快活一点。但那头野兽真实的需求是自由——她生命本然的自由。我们商定，第二天，我会把阳光房腾出来一个空间做她的画室，如果她想画画，可以去那里，没有人给她定主题，她可以画她想画的，让她的野兽跑出来。

关于玩游戏的话题并没有结束。

无聊的小酒窝希望通过玩游戏帮她迅速感受到快乐，但她生命的节律知道，她内在的真实需求是"自由的表达"。这次的沟通，不仅仅是解决关于"玩多长时间游戏"的问题，更重要的是借助这次机会，我们走进彼此的生命，我们相互陪伴，然后觉察到彼此的内在需求——如果那头野兽真的存在，它的名字应该叫——自然而然。

北京春天的日子很短，今年的特色是风。5 级以上的大风，北京刮了好几场。这样挺好，大风吹过，烦人的柳絮没了。经历了北京的风，刚刚开了十几天的月季花瓣掉了好多，零星的花瓣粘连在花头上，像是要失去平衡，再有一阵风就会跌落下来。我家花园里的花只剩下"小女孩"。这花不像牡丹、月季那么艳丽，在花园里永远抢不到主人的第一眼关注。"小女孩"只是偷偷地开，粉嫩粉嫩的，在风里让人心疼。

当人对一件事儿有了"企图心"，就不中立了，就不自在了。自从开始写《起风了，愿你随风而行》，用系列故事分享我和酒窝正在发生的关于玩游戏的"试验"，我好像真的找到了一点点"装"的感觉。如果说在玩游戏这件事上，大多数家长的"心魔"是：怕耽误时间、耽误学习，这样玩下去将毁掉前程；怕作息不规律，影响身心健康。那作为本文作者，我的"心魔"比家长们有过之而无不及。我更希望能够呈现出一个经典的沟通案例，一个成功的样本，一个亲子导师从知道到做到的全过程演练。因此，我最希望我和酒窝的这次试验是按照我的设想呈现的，我为试验也预设了结果。

4 月 17 日

我期待的结果是：孩子沮丧地告诉我，她玩游戏的感受并不好，从此她要洗心革面、重获新生。

别做梦了！！！

酒窝放学后回到家，仍然一进门就要到我的手机玩起游戏。那天距离我和酒窝开始进行不限制时间玩游戏试验刚好一周，是我们该做总结的时候了。我邀请酒窝和我一起分享彼此的"感受"。注意，此时的我，既是酒窝的爸爸——那个因为酒窝无休止地玩游戏而感到孤独的父亲，又是一个分享者，还是一位亲子课程的导师，这样的多重身份引发了我们下面的沟通。

我提出：酒窝，按我们之前的约定，今天该分享感受了。

酒窝说：好。

于是，我俩来到了花园。

依旧是北京的初春，我俩周围也算得上花团锦簇。

我邀请酒窝先分享。

酒窝说：我觉得这周玩游戏很开心。

我：（完了，酒窝一张嘴，就不是我想要的，只能继续倾听）哦，这样想玩多久玩多久，你感觉不错。

酒窝：是。因为玩游戏能让我特别快地高兴起来。

我：你想要很快地高兴起来。

酒窝：是。

（到此为止，我还能做到倾听）

我：上次沟通，我听到你说，骑车、做蛋糕、画画也可以让你感到快乐。但是好像你不太愿意设定画画的主题，想要自由地画你想画的东西。

酒窝：是。

我开始"进攻"：那爸爸已经把阳光房改成了画室……

酒窝有点急了，打断了我：爸爸，你不要催我，别人逼着你去画画，你会开心吗？

我也急了，没有正面回答酒窝，直接说出我的感受：爸爸看到你玩游戏，也很不开心。

酒窝：为什么？

我：你知道游戏是怎么设计出来的吗？

酒窝：不知道。

我：几乎所有的游戏都会设计一些晋级、奖励的方法吸引你不断地想要去玩，玩的时间越多，玩的人越多，这款游戏越值钱，做游戏的人就越赚钱。

酒窝：那怎么了？

我：你在游戏里造大房子，那些制作游戏的人用你们投入的时间和生命换来他们真正的大房子。（自以为说得很有道理）

酒窝：我现在自己没有大房子，但在游戏里，一下子就有了，这不挺好吗？

我告诉她：反正我觉得游戏没有营养。

酒窝问：爸爸，你告诉我，什么东西有营养？

我：比如看书呀、画画呀……什么的。

酒窝：我不想做……

我：比如《粉红猪小妹》也很好。

酒窝：……

聊成这个德行，我觉得自己好失败，酒窝根本就不会屈从于我的说教。我当时恨不得想告诉酒窝，我正在网络上分享我们的案例，我多么想创造一个孩子放下游戏、改邪归正的故事。其实，我放不下的是我的期望。那一刻，我感到非常的烦躁。我告诉酒窝，爸爸不想聊了，我们再试一周吧，这周你仍旧可以不受限制地玩游戏。说完，我起身进屋，酒窝也跟在后面，进了自己的房间，关上了门。我站在她的屋外，脑补着酒窝在门后面继续享受她的游戏时光的情景，心里一阵翻腾，恨不得要把我朋友圈里做游戏开发的人全都拉黑。

没几分钟，酒窝举着她的 iPad 来到厨房找我，问道："视频网站为什么没了？"

我没好气地说："硬盘空间不够了，为了给你装游戏，前几天给删了。"

酒窝问："可以再装上吗？"

我答："不想装，如果要装视频网站，你的游戏不就要删了吗？"

酒窝应道："我就是想去网站上再看一遍《粉红猪小妹》，看看你说的'营养'是什么。"

听她这么说，我意识到这孩子是想帮我，她想要自己判断一下所谓的"营养"是什么，她在乎我说的话，同时也在乎自己的感受和判断标准。

酒窝继续说："爸爸，这样，既然我们试过一周我可以不受限制地玩游戏，那我们也试一周我不玩游戏。我们一周以后再来分享彼此的感受。"

"……行！！！"

我接受了酒窝的提议。当需求被看到，我的内心里充满了对小酒窝"导师"的感激和敬意。

写到这里，我开始反思我和酒窝的这次沟通。问一下自己，我看到酒窝一直玩游戏，我感受不好，但这件事对我真实的影响又是什么呢？答案是：无法写一篇成功解救玩游戏的孩子的文章，无法证明我的做法多么的有效，无法获得成功者的自尊。这些"心术不正"的想法和需求，使我用力去给孩子建议、给她讲道理，忘却了我真正的目的是要给彼此体验的机会。我发现，无论是"倾听"还是"我一信息"，这些技巧的背后，都需要有一条值得敬畏的界线。界线的一侧是我的感受和需求，界线的另一侧是对方的感受和需求。在自己的界线内，只是分享我自己的感受和影响，便守住这条边界线。当我为我的感受负责任，放下改变对方的念头，放下向外寻求答案的心态，便是尊重和接纳。回到自己的中心，是沟通的心法。

5月17日

在酒窝进行不玩游戏的试验之后的一个礼拜，她告诉我，她不玩游戏的这一周，有时候会觉得无聊。但是她解决无聊的办法是，找一些事情做，比如去画画、出去转转，或者上网看看与养宠物有关的视频。她提到，几年前全家在南非旅行时，她看到了野生的长颈鹿、斑马、狮子，看到了有人牵着猎豹来到我们的酒店游泳池喝水，看到了挂满织巢鸟鸟窝的树冠，看到了海边岩石上吃多肉植物的胖老鼠，在鲸鱼小镇一边吃早餐、一边寻找在远方的海平面上座头鲸喷射出的水柱……

酒窝说，在南非时，你让我玩游戏我也不想玩，因为我生怕错过什么好玩的事情。

我在酒窝的房门上挂上视力表，给她测了视力。告诉她，这是你当下的视力水平，如果你发现自己看不到这个位置，就说明眼睛该休息了。那天，我们商量，今后我不再限制她玩游戏的时间，什么时候玩、怎么玩由酒窝根据自己的需求来决定。至此，我把酒窝玩游戏的事情算是交托出去了。玩游戏这个话题，渐渐从我和酒窝的沟通中淡出。酒窝现在成了狗迷。她开始一门心思为争取能够收养她人生中第一只哺乳动物而做努力。我俩的谈话内容几乎全是狗、狗、狗。

　　我逗她：酒窝，爸爸已经好久没有看见你玩游戏了。

　　酒窝说：是，我现在只想着养只什么样的狗，顾不上玩游戏了。

　　我问：还想玩吗？

　　酒窝说：我现在已经没有非要玩游戏的感觉了，可能是到了平台期吧。对了，我上次还玩了一小会儿……

　　我问：自己管自己，啥感觉？

　　酒窝答：不像以前那么紧张了。以前即便是你同意我玩儿，我也要找个你看不见的地方，那时候我好像听力特别好，你走过来的时候我就会知道，然后把游戏关掉……

如今，我们每天傍晚会围着小区的湖边散步，我们管这叫作"遛狗",我牵着酒窝的手,酒窝牵着一根枯树枝,说这是她的小狗。酒窝还是那个贪玩的小孩,今天早上一起来就把自己关在卫生间,上网搜索什么狗不掉毛,差点错过了校车。我还是那个会为孩子操碎了心的爸爸,依旧会因为孩子的行为而紧张、焦虑。这件事儿以后,我在和酒窝的相处过程中生出了一份好奇。我想看看,这样在爱的关系里沟通,究竟孩子会带我去到什么地方。因为,每一个功课背后,都有一份礼物。

我知道,我左右不了风的方向,唯有相信孩子拥有一双爱的翅膀,她可以随风而行,更可以选择自己的方向。

作者自评

这次试验,我允许酒窝体验她想体验的游戏人生,酒窝便带我看到孩子玩游戏的背后,有一份自己生命内在的需求(见 4 月 17 日内容)。如果这份需求没有被看到,大人只是依据玩游戏这个行为来判断孩子,管中窥豹,就给孩子贴上"玩物丧志"的标签,这样的误伤会使孩子的内在需求得不到满足,她便会持续抗争下去。

这次试验,酒窝带我看到,一旦成人对孩子成长的结果有了预设,便越过了彼此的界线;一旦我要求别人顺从我的价值观与信念,认为只有别人顺从我,我才能获得尊重或成就,我便失去了内在的自主权。

这次试验,酒窝带我看到,孩子在这个时代是无可避免地要接触电子设备和游戏,无可避免地与我及我的时代产生"价值观冲突"的。既然这会给我带来不好的感受,那不如为我的感受负责,用爱的方式与孩子沟通,怀着好奇心与孩子一同去体验彼此需求的两个极端,通过分享彼此的感受找到每个人的需求平衡点。

妈妈，我被打了！

耿丽萍

这是发生在约一年前的事情，当时的我用文字记录了和女儿的对话。那次的倾听过程大概持续了半个小时，其间孩子的情绪起起落落，内容也是千回百转。现在回想起来，我依然记得当我看到女儿头上大包时的心疼和气血上涌的感觉，自己的处理方式也非完美无缺，不过，值得庆幸的是我及时让自己的心安定了下来，始终在关注孩子的状态，在那一刻，什么都不如她的感受重要。

傍晚，女儿下楼和小朋友一起玩，不久后就回来了。孩子一进门，我就觉得她神色有些不对，心想，八成她遇到什么事了。果不其然，还没有等我开口，女儿就"哇"的一声哭了起来，边哭边抽泣着说："妈妈，我被人打了！呜呜呜……好疼啊！"我当时脑袋"嗡"的一下，我女儿居然被人打了！瞬间无数问题在脑海闪过，"谁打你的？""打你哪儿了？""他干吗打你？"……此刻我深深理解那些孩子被打的妈妈的心了，我理解她们为什么会迫不及待地问一大堆问题了——关心则乱！

不过，这些念头只是电光火石般一闪而过，我迅速意识到，这个时候我的关注点该在孩子身上，倾听才是孩子需要的。

我蹲下抱住女儿，一边查看她伤了哪里，一边说：有人打你了，打得特别疼是吗？

女儿：嗯，特别疼，呜呜呜……

我：哪里疼？妈妈看看好吗？（此时，我需要确认孩子伤得重不重）

女儿：头，他打我的头了，是用球拍打的。

我迅速检查了女儿的头，果然头上起了一个红枣大小的肿包，看来这下打得不轻。

我：他用球拍重重打了你一下，头上都起包了，肯定很疼的。

女儿：嗯，他用羽毛球拍，就这样……

她边说边做了个狠狠挥拍的动作。

我看了心里一颤，特别心疼，我搂着女儿在沙发上坐下，亲了亲她头上的包，说：妈妈好心疼啊。

女儿（此时不怎么哭了）：妈妈，会有事儿吗？

我：你担心头伤得厉害是吗？

女儿：嗯，那会有事儿吗？

问第二遍了，我突然心里一动，好像不光是担心伤的事。

我慢慢地说：你是担心伤得重了，妈妈会说你？

女儿（扁了扁嘴，好像要哭的样子）重重地说：嗯！

我：以前你受伤了，妈妈生气说过你，你担心这次也一样。

说这句时，我心里非常内疚，的确，以前她受伤时我曾埋怨她"为什么不小心？""弄伤了很危险知不知道？"

女儿：嗯，那你现在生气了吗？

我意识到女儿需要确认我的情绪，需要安心。

于是我说：现在我不生气，我觉得很心疼。

女儿：你为什么心疼啊？

我把她抱得紧了些，说：因为我很爱很爱你啊。

女儿（眼睛好像亮了），对我说：妈妈，其实小朋友玩的时候都可能受伤的，也没什么啊。

我：是啊，受伤挺正常的。

女儿情绪明显好转，但感觉似乎还有些什么存在心里，于是我发了个"门把手"：发生了什么，你想跟我说说吗？

女儿：我们去捡他的水弹，他枪里打到地上的。他不让我们捡，都在地上不要了，还不让我们捡！

我：哦，你们去捡一个男孩儿的水弹，但是他不同意。

女儿：嗯，然后××（女儿的伙伴）就拿了他的球拍递给我，我就把球拍扔地上了。

我：哦，你把球拍扔地上了。

女儿：我放到最低扔的，就是我们上的那个小房顶，我放到最低的边上扔的。

我：你从房顶上把球拍扔下来了，不过你没想扔坏它。

女儿：然后，我跳下来的时候，他就拿球拍打我了。他为什么打我啊？

我：你觉得他可以用其他的方式，而不是打人？

女儿：对啊，他可以跟我说啊，打人会伤到别人，特别疼，他是不是不对啊？

我：是哦。

女儿：嗯，妈妈你会去找他吗？

我：找那个打你的男孩？

女儿：是，你要去吗？

哦，看来又有新一层问题了，继续听……

我：你担心妈妈会去找他？

女儿：对，你要去吗？

我：你怎么想呢？我想听听你的意见。

女儿：我觉得算了吧，不要去找了。

我：你不想妈妈去找，妈妈就不去喽。

女儿松了口气：妈妈我要去看书了。

接着，她从我腿上跳下来，看书去了。

本以为事情到此结束了，可是过了一会儿，女儿又过来了。

我马上转到倾听频道：怎么啦？

女儿：妈妈，我还想让你陪我会儿。

我：好啊，要妈妈抱着你吗？

女儿：我想一起坐在沙发上。

于是我们又再次坐在沙发上，静静地待了一会儿后，女儿又说了：妈妈，我心里还是平静不下来。

我：哦，你心里还是有点儿乱。

女儿：嗯，今天的事你要告诉爸爸吗？

我马上理解了，爸爸平时的脾气的确比较容易急，要是知道孩子受伤了，他估计会马上跳起来，把之前我头脑里闪现的那些问题挨个问个遍。

我：你担心我会告诉爸爸？

女儿（又扁嘴了）：对，可不可以不告诉爸爸？

我：你不想让爸爸知道，怕他知道会生气？

女儿：嗯，可以不说吗？

我：妈妈觉得是该告诉爸爸的，不过，这是你的事，我会尊重你的决定。

女儿：那好，就告诉爸爸吧，不过，妈妈你去说行吗？

我：听上去你还是有点犹豫啊。

女儿又想了一下：我还是不想告诉爸爸，妈妈你别说行吗？

我：好，我不会说的，我保证。

我伸出手指和女儿拉了拉钩，她就笑着看书去了。从昨天到现在，我一直没有和爸爸讲这件事，虽然我觉得他应该知道，但我还是选择尊重孩子的意愿。今天放学回家后，女儿特地悄悄跑来对我说："妈妈，谢谢你没有告诉爸爸。"此时的她已经恢复轻松和自在，与平常一样了。

在古希腊神话里，安泰俄斯是大地母亲的儿子。只要他的身体不离开大地，他就拥有无穷的力量，要打败他几乎是不可能的，因为每次他倒地，起来时总会获得新的力量。愿我们都能成为稳定的大地，让孩子可以汲取重新站起来的力量。

 作者自评

这是一年前的旧事，即使是在现在，我依然会选择首先镇定地倾听孩子，把心放在孩子身上，而不急于讨说法。我觉得，当孩子遭遇到伤害，父母的态度反应至关重要，如果父母能够不困在问题里，不被一腔愤恨锁住，回来把心思放在孩子身上，保持自己是稳定的，让自己成为一个稳定的容器，能够去抱持孩子情绪的涌动，在这样的抱持中，孩子就能明白自己是安全的。相比事件本身，父母如何看待并应对这件事，对孩子的影响更大。此时父母的稳定才是孩子最需要的，至于具体如何解决问题，那是排在后面的事情。

耿丽萍

- P.E.T. 父母效能训练讲师
- 系统排列中级教练
- PCFI 父亲参与指导师
- 心态疗愈带领人

5 年家庭教育培训经验，为数百名家长提供过个人成长、构建平衡和谐家庭所需的辅导和支持。教授 P.E.T. 课程于我是再适合不过的，基于深厚的心理学体系，又深入浅出接地气。

一不小心，你就成了榜样

艳　阳

《P.E.T. 父母效能训练》一书中提到应对价值观冲突的解决之道中，风险较低的一种方法是树立榜样。当孩子在日常生活中和父母相处时，会耳濡目染习得父母很多的东西，包括父母的思维方式、行为方式和说话方式等，所以父母希望孩子成为什么样的人，那就要想想自己是不是这样的人。先让自己活成这样的人吧！这样一来，自己的时间、精力的重心会在自己身上，而非孩子。如果你很重视诚实的品质，那你就要诚实。如果你的价值观是非暴力，那你就不要打孩子，也不要对孩子进行言语上的伤害。我们的行为比我们的言语更能展示我们的价值观和信仰，也就是常说的身教重于言传，以身作则的方式比说教更有影响力。

Steve 老师在课上讲到树立榜样时提及的一个故事让我印象很深刻。说一个爸爸很生气地训斥孩子，质问孩子为什么要撒谎。这时家里的固定电话响了，孩子接了后对爸爸说："你老板哎。"爸爸摆摆手悄声回道："就说我没在。"记得我们一帮同学听后都会心地一乐。

前几天又听到一件事。一位女老板如今事业做得非常大，公司已经跨国了。她的表哥在她公司里做事，可是她对她表哥非常提防。为什么呢？因为十几年前她在北京读大学时，表哥来北京出差，顺道看看她、请她吃饭。吃完饭，表哥说要给未来的丈母娘买件东西，就一起去逛商场。在付款的时候，表哥提出要收银员多写一些金额。她当时很好奇，问为什么，原来表哥的准丈母娘是委托表哥代买一件东西，回去之后，该多少钱是会给多少钱的。可是表哥在这件事上打起小算盘，想捞一些好处。后来表妹生意越来越红火，表哥也来投靠，表妹虽然留表哥在公司做事，却无法完全信任他。原来是表哥当年的这个举动影响到日后成为他老板的表妹对他的态度。

我的一位女友讲她的夫妻相处之道。说到她和先生有诸多的不同，大到价值观，小到生活细节，比比皆是，可是两人相处却很和谐。举个小的例子，比如她认为一天要喝充足的水，要吃些新鲜的水果，可她先生则不怎么爱喝水，也不喜欢吃水果。她每天该喝水时喝水，该吃水果时吃水果，如果她有时间和精力，也会给她先生倒一杯水、准备一份水果。十几年下来，先生也认可并接受了这种生活方式，有时自己就想着喝水、吃水果。我笑道："你这水滴石穿的榜样力量太神奇了，这样下去钢铁也会化成绕指柔的。"女友补充说，其实，不论先生是怎样的生活习惯，她都会尊重，所以先生改不改变她并不太看重。她只是为自己的喜欢和品位负责。顿时我对女友的敬仰之情如滔滔江水，也想起《道德经》中有一句"上德不德，是以有德；下德不失德，是以无德"。大意是说有上等德的人，不自以为有德，所以才是有德；而下等德的人有心施德，所以就没有德。这样说来，做事的动机也很重要。

道家所说的"道法自然"，也就是要遵循良性循环的可持续发展的道路。我希望成为的榜样，也是这样可以良性循环的榜样。记得我刚接触 P.E.T. 时，知道了沟通中的 12 种"绊脚石"，对号入座发现我经常扔的就是"提建议"这块石头。后来我追本溯源，发现我老妈就很擅长此技能。最初有这个发现的时候，每每老妈给我提建议，我就有一股无名火蹿起来，有一个声音好像在说："都怪你用这种说话方式跟我说话，害我现在也这样。"完全一副受害者的心态，其实，我是从我妈身上看到了我自己的影子，而那影子是我不喜欢的。我呢，有时就忍着（怕伤害母女关系，所以忍而不发，想想差点憋出内伤来），有时就冷冷地说句"嗯，知道了"。现在想，我这开始是用 P.E.T. 理念，结束时早已和 P.E.T. 理念大相径庭了。

有一次我在电脑上忙着准备一个材料，老妈进来说："别老打电脑了，出去活动活动。"

我当时就回了一句："你能少给我提点建议吗？"

不过，说完我也乐了。我希望妈妈少给我提点建议，可我正是用提建议的方式告诉她的。天哪，我告诉自己，别再陷入这个循环了。那天我忙完手头的事后，立刻做了个"复盘"。我当时可以这样对妈妈说："我现在忙着准备一个着急用的材料，你让我出去活动，我很为难哪，担心这材料不能按时完成。"我把当时的事实、感受和影响表达出来，一方面倾听、梳理一下自己，另一方面也可以让妈妈了解我当时的状况。这才是 P.E.T. 倡导的负责任、无伤害、一致性的表达呀。

当我开始练习着在我的生活中一点点地用 P.E.T. 的方式去面对时，仿佛发生了很神奇的化学反应，我能感受到我们家里的能量在悄然改变，不再像以前一进门就有种压抑、想逃离的感觉，现在是有一种流动的爱的感觉，这种感觉很"滋养"自己。在这个过程中，我也越来越体会到 P.E.T. 的妙处。

我在和家人相处的时候，尽可能多地充分运用无问题区。有一天，我晚上有活动，于是早晨我告诉妈妈："我晚上七点钟要参加一个活动，希望在六点钟能做熟饭。"结果等我快六点钟到家时，妈妈包好了我最爱吃的茴香馅饺子，水也已经烧开了，只等我回来下饺子了。当时我好感动，心里暖暖的，情不自禁地上去搂着老妈亲了一下，说："看我这有妈的孩子就是好哎，回到家就能按时吃饭，还是我最爱吃的茴香馅饺子。"要知道，我们家里人以往都不太用语言表达自己的感激，更是很少用身体的接触来表达。但当我这样做时，我分明看到妈妈的脸笑得像朵花，感受到她也很享受、很开心的样子。

其实正是这些与家人互动中那些甜蜜喜悦的时刻，给了我很大的鼓励，让我愿意在 P.E.T. 这条路上走下去。最初因很认同 P.E.T. 的理念去学习，可是学习后却经历了"用不出来"的懊恼、沮丧和失望，到后来十之一二、十之二三……越来越多的时刻可以使用 P.E.T. 时的欣喜。我很希望自己活出 P.E.T. 的精神来，成为我自己喜欢的样子，成为我自己的榜样。这个世界上一个人不能改变另一个人，每个人只能改变自己，在成为更好的自己的过程中，如果影响了一些人，那也只是顺道的事。

 回顾点评

这一篇文章的主题是"树立榜样"，而在 P.E.T. 中树立榜样是在最后价值观的部分才会被提及的，之所以放在这一章是因为大多数时刻父母回应孩子的方式，恰恰成为子女们的"榜样"，这些"下意识"的回应方式更能展示他们的价值观或者信仰。P.E.T. 中所提到的 12 个倾听"绊脚石"，恰恰就是父母要时刻觉察和提醒自己在回应处在问题区的孩子或者其他家人时要避免的。随着时间的推移，父母对孩子的回应方式终将成为孩子日后跟他人沟通的榜样。

艳阳

• **P.E.T. 父母效能训练讲师**

在自我成长的路上，兜兜转转。2013 年偶遇 P.E.T.，一见倾心，从此开始了 P.E.T. 的学习之旅。这期间我越来越深刻地体会到，这门西方的沟通学说其实是以一种更具体可操作的方式诠释了我们东方文化里的中正平和思想，也是融"术"与"道"为一体的沟通技巧。

披荆斩棘的，不一定是王子

王 漪

去年 6 月份的时候，本杰明先生出差一个多星期，周六晚上回来，周日上午收拾好带回来的行李，就进入了龟伏状态——休息睡觉，所有对外交流频道关闭。我跟事儿姑娘一起玩儿，准备幼儿园的照片，参加小区的儿童跳蚤市场，也过得充实。中间曾经岔出根心思，关怀一下许久不动的本杰明先生是不是病了，简单问过几句，他没什么回应，也就过去了。

直到晚上九点，他睡醒起来到餐厅吃晚饭，看手机和电脑上没处理的信息。我带事儿回卧室准备睡觉。事儿还很兴奋，让我讲故事，可我想上厕所。孩子睡觉后的时光如金子般宝贵，我贪心想多要一点，所以轰着事儿赶紧睡觉，我好在厕所里自己待会儿。但事儿姑娘在关键时刻一向名副其实，一时半会儿就是没法消停。

我听着自己情绪涨潮的呼啦呼啦声儿，P.E.T. 仨字在潮水中若隐若现。我轻嘘口气，一来安抚一下各个毛躁起来的器官的感受，二来将一遍"我—信息"三个要素。

我说：事儿，现在九点半了，我担心你明早会觉得没睡够，起床时还很困，我就会又心疼又着急；而且我现在想上厕所。

她说：妈妈，谁让你早晨那个点儿叫我的。我早一点能起来，晚一点也能起来，就是你叫我的那个时间起不来。

我用三千毫秒的时间艰难说服自己，这——不——叫——抬——杠。

然后我说：那你希望我早点儿叫你。

她说：就爸爸能叫我早起。你不能。

我一下就被点着了，披挂而起，放出心中小兽，推门就冲在客厅的本杰明先生嚷：你闺女要你明早叫她起床。

他听我的语气不善，滋滋干煎带火，就放下手机说：好像不满意呢。

我脱口而出：一天都不满意了！

本杰明先生走进卧室说：你上厕所吧，我来带她睡。

我想说，你倒是知道我想上厕所呢，怎么之前都是一副隔岸观火的样子。不过，这句话没出口，只是心里碎念。

很庆幸，我学会用一个问题给自己安了个情绪保险闸，情绪开关被触动后，如果流量过荷就会跳闸，让一切先停下来。

"我下面想说的这句话，能实现我沟通的最初愿望吗？"

如此一念，我一口气便懈了，盔甲凌乱，拖着一吼就蔫的"小兽"躲到洗手间里。

终于只剩自己了，又一次在孩子面前丑态百出，我嘘口气，开始安抚自己、倾听自己，回想情绪失控是从什么时候开始的。

我：是事儿提到爸爸的时候。提到爸爸我很不高兴，心里有怨愤。

倾听的我：觉得就自己陪孩子，好辛苦，爸爸没参与倒是挺轻松。

我：也不全是。我白天陪孩子时也挺高兴的，爸爸也真是累了。

倾听的我：爸爸不是故意不陪娃，自己其实也很享受跟娃的一对一时光。

我：可能就是到晚上想休息了。

倾听的我：想要有自己的单独时间。

我：我想休息，又觉得有好多话想说，想跟爸爸说。

倾听的我：爸爸出差一个星期，沟通不太够。

我：这个星期我干了很多事，有新的体验、学习的事情、同学的事情想跟他分享，有一些新房的布置问题想跟他商量。

倾听的我：自己有很多感受想让他知道，有些决定需要他支持。

我：能跟他说这些的时间都没有。我也困了，想睡觉了。可是这些事儿要不说，觉得憋得慌。做了这么多事，他应该知道才好。

倾听的我：很多事需要交流，需要他知情。

我：他知道我的事，会支持我吧，会觉得我挺能干的。

倾听的我：希望你俩意见一致。

我：是的，我做了一些觉得很得意的事儿，想要让他也这么认为。

倾听的我：自己需要被他认可和肯定。

　　自言自语到这儿，我感觉已经褪去一身的戾气尖刺，有些柔和且通透了。所谓不甘，只是因为我在一周的分离中耗尽了爱的力量；所谓愤怒，无非是想让对方知道我需要爱的呵护。这更像是我一个人的战场，周围荆棘密布，我把自己困在其中，应该尝试自己走出去，而不是试图把别人也困进来。当我明白自己要去的方向时，我就看见了选择。我想明天早上送完事儿姑娘后，要跟本杰明先生一起坐地铁，然后在早高峰的拥挤中守着彼此，结结实实地聊会儿天。

　　这个故事要搁在童话里，恐怕不是这样的情节，我们似乎更习惯当被王子拯救的公主。事儿姑娘的洋名儿取自睡美人，在那个故事中，王子为救心上人不辞辛苦、提剑斩妖、一吻定终生。只是如今，"睡美人"的娘亲选择不再沉睡，要自己从埋怨和委屈中挣脱，然后在一片霞光万丈里，看见爱自己的人。

爱，从倾听自己开始。为爱披荆斩棘的，谁说一定是王子。

 作者点评

在 P.E.T. 的行为窗口中，当我们看到别人"不可接纳"的行为而产生困扰或负面情绪时，最先想到的对策恐怕是用"我—信息"面质那个所谓的"始作俑者"。这固然不错，却也不是唯一出路。有时候，是我们自己当下的状态、所经历的事情、所处的环境变成了那个有色玻璃，让我们透过窗口看到的都是"不可接纳"。此时，我们不妨将目光暂且收回，拢到自己身上，倾听自己、整理自己、了解自己的需求，从而找到最适合的解决方案。积极倾听的神奇，不只能扶危他人，还能解困自己。

- P.E.T. 父母效能训练讲师
- 无条件养育践行者

历尽外企江湖十四载左牵流程 Process、右擎绩效 KPI，曾经"亲子擂台"六春秋，头顶家风规矩、怀揣育儿圣经，发现所遇难事之中，大多缘于死守着对错的界线，在猜忌里彼此纠缠。

而今学习放下固有执着，无我倾听，真我表达，看见接纳的力量，享受信任的自由。P.E.T. 照进的现实，逐渐不再有惊慌。愿同行有你。

王漪

看，是石头在满天飞

海 蓉

昨天早晨，三大武林高手奶奶、爸爸、妈妈和一代武林新秀豆豆小朋友决战于家中，一时间家中飞沙走石。

先是妈妈唤豆豆起床后，考虑到天气急剧变凉，想让豆豆穿上秋裤。豆豆一听妈妈说今天要她穿秋裤再套上外裤，立马变成了小刺猬，态度坚决地说"不"。而妈妈此时显然忘记了 P.E.T. 中的倾听理论，直接扔出了第一块"讲道理"的石头："今天天气变凉了，你不穿秋裤会感冒的。"当然，扔的石头除了会让人疼之外，不会有任何好的结果。没有被我理解真实感受的豆豆扔出一句"我不要穿红色裤子"！

从第一步就开始有失高手风范的妈妈继续在错误的道路上越滑越远。见豆豆说不穿红色外裤，又扔出了第二块"建议"的绊脚石。去衣柜拿了条宽松的黑色裤子问豆豆："这两条你选哪条？"我一再不理解豆豆的感受让她彻底抓狂，她从奶奶床上爬起来，冲进自己屋里，砰地关上了门。妈妈首战失利，灰溜溜败退到客厅吃早餐。

接着，善使化骨绵掌的奶奶出马了。奶奶站在门口，轻轻敲着房门，温柔地说道："豆豆，你开门，奶奶要进去拿东西。"奶奶抛出了块"转移注意力"的绊脚石。谁知，扔一次无效，扔两次还无效，正在努力培养自己孝敬老人意识的妈妈觉得豆豆不尊重奶奶了，气得火直往上冒，数次想怒喝豆豆，数次艰难地往嘴里塞馒头堵上了自己的嘴。

关键时刻，一代大侠爸爸出场。爸爸的降龙十八掌讲究招式简单，但制敌快速有效。只听嘴里还吃着鸡蛋饼的爸爸一声大吼："豆宝，赶紧穿衣服出来，再不出来要迟到了。"第一块"命令"的绊脚石哐地砸出来，里面没动静。爸爸第二招又出来，这次他直接扔了威力巨大的"威胁"绊脚石。"豆宝，再不出来我打屁股啦！"这次，豆豆小朋友终于气呼呼地冲出来坐到了饭桌边。

妈妈抬头看看时钟，还有 5 分钟就要到平时出发的时间了，嘴欠地又扔了一块"摆事实"的绊脚石："豆豆，只剩 5 分钟了，你还有刷牙洗脸的任务没做哪！"说完，妈妈恨不得抽自己一嘴巴——小朋友的气明显还没消，这个时候说这个不等于火上浇油吗？果然，妈妈话音刚落，就听见呼的一声，小朋友把勺子重重地拍在了玻璃餐桌上。这一拍，真可谓惊天地泣鬼神，直接将三大高手拍成了石头，面面相觑、哑口无言，该干吗干吗去了。至此，豆豆家新一代武林盟主豆豆同学闪亮登场。

大人消停了，豆豆接下来的活动进行得无比顺利。随着情绪的缓和，妈妈的赞赏能力也回来了。一边和豆豆牵着手下楼，一边又开始了每日的口头欣赏："豆豆，妈妈今天又看见你进步了，你今天穿鞋的时候是蹲着穿的哪！"一句简单的肯定让小朋友雀跃不已："是吗，妈妈，我又进步啦，我太开心了！"而当下楼看见爸爸还专门等在那儿要送她上学时，她更是小嘴甜甜地对爸爸说："爸爸，谢谢你送我上学，我可喜欢你了。"只见爸爸绷着张脸，却怎么也挡不住嘴角往上扬。

作者自评

戈登博士在《P.E.T. 父母效能训练实践篇》中如是说：如果父母们在面对陷人问题区的孩子能尽可能地避免使用绊脚石，那么偶尔的失误也不会对亲子关系造成伤害。感谢自己和家人过去数年来为孩子成长创造的相对尊重和爱的环境，让她最大程度地表达了自己的真实感受。从而当她随着年龄慢慢增长时，在表达自己的同时，能够开始慢慢控制自己的行为，知道即使生气，但该做的事情还是要去做，并没有和小时候一样因为生气就小手往怀里一抱什么都不做了。而这次事件也让妈妈看到，修行之路漫长且艰难，然而孩子的变化足够支撑着妈妈坚强地走下去。

海蓉

• 父母效能训练课程学员

先学自动化，再学法学，做过工程师、法学编辑、专利代理人，在文科、理科都学过，各种工作都尝试过后，借由抚育孩子才发现幸福并不来源于学什么专业、做什么工作，幸福其实来源于个人的成长带来的内心的平静。通过在和孩子的互动中实践P.E.T.，我日益"看见"自己和孩子，并接纳自己和孩子，而当我将P.E.T.更进一步地在生活中运用时，才发现生活其实就是关系，爱别人就等于爱自己！

妈妈，明天还是周末吗？

于丽嘉

这几周因为周日上课，孩子周日晚上都会抱怨周末过得太快，没玩够，要哭闹好一阵子，连带周一早上也不愿意去幼儿园。

昨晚8点多，在从姥姥家回家的车上，他又累又困，躺在座位上，头枕着我的腿问我："妈妈，明天还是周末吗？" 我就知道又要开始了，打起精神来吧。

我：今天晚上还是周末，明天就不是了。

成成（开始急，拖着哭腔）：怎么这样啊，周末这么快就过完啦，我还没过够哪。（开始掉眼泪）

我：噢，你觉得周末过得太快了，好伤心哪。

成成（根本没听我说话，大哭）：我不要哇，我还没过够呢，我要跟你在一起，周末太短啦。

我：真是的呀，这么快周末就过完了，成成还想和妈妈在一起哪。

成成（情绪越来越激动，用手指到妈妈的鼻子上，同时大哭）：你明天不能送我上幼儿园，你明天不能去上班，必须留在家里陪我，啊啊啊……

我：你不想妈妈明天上班，就想让妈妈在家陪你玩儿一天哪。

成成（继续手指到妈妈鼻子上，哭）：是的，你就得在家陪我，就不能上班，就得……啊啊啊……

我（对他的手戳到自己鼻子上这件事有点恼火）：你真想跟妈妈再在家玩儿一天哪。不过你的手马上戳到妈妈鼻子上了，我有点儿不舒服了。

成成（情绪丝毫没有减少，但是把手缩回到自己鼻子前了，还是指着妈妈哭）：你必须不能上班，必须陪着我，必须……啊啊啊……

我（把成成抱起来坐在腿上，一手搂着他）：真是的啊，周末只有两天，妈妈还上了一天的课，成成只跟妈妈玩了一天，真是没玩儿够哇。

成成（哭声小了一点儿）：嗯嗯，你明天不能上班哪。

我（一只手抚着他的后背）：成成不想让妈妈上班，想让妈妈陪他呀。

之后母子车轱辘话又说了几个来回，娃的情绪明显缓和下来了，不哭了，语调也平静多了。

成成：妈妈你明天能不上班吗？

我：妈妈得问问领导明天有没有重要的事情需要我处理，如果没有我也很愿意跟你在家玩儿啊。（以前说完这句娃就又会急）

成成：嗯，那你问问哪，要没事就在家陪我。

我：好的。

这时候孩子开始注意车外边的景色，我从后边搂住成成的腰：你知道吗？我也很喜欢跟成成一起玩哪，今天晚上在姥姥家，咱们一起玩儿扔拖鞋的游戏，还有成成帮我开门的游戏，我觉得可有意思了。

成成（也想起了之前玩儿的情景，哈哈笑了起来）：因为我会弄好多搞笑的事情啊，哈哈哈……

晚上到家后，娃在床上准备睡觉了。

我：成成，妈妈刚才给领导发了短信问了，明天有些很重要的事情必须妈妈去处理。

成成：为什么？

我：因为这些事情是妈妈的工作，别的同事没法帮妈妈做，只能妈妈自己处理。

成成：哦，妈妈，那你能送我到幼儿园吗？

我：妈妈很想去送你，不过一大早就有事情需要妈妈处理，可怎么办呢？

成成：噢，好吧。

妈妈说这几句话的时候心里已经做好了成成再次哭闹的准备，但是啥也没有发生，好神奇啊。

周一早上 6：45 开始叫成成，7：00 起床穿衣，7：15 顺利出门，准时上班车去幼儿园了。

作者自评

1. 在孩子刚开始很激动的时候，没法听妈妈说话，可以先陪他哭一会儿。成成刚开始很激动的时候，我的几句话都是插空说的，他也拒绝身体上的接触，感觉他不愿听也听不到我说什么。这时候可以陪着他，让他尽情发泄一下再开始倾听，要不感觉两个人纠缠在一起，越弄他情绪越大。

2. 要真的体会到他的感受时，说的话才能起作用。我是从他把手从我鼻子前边拿开后才真的进入状态的，前边首先因为知道他又要开始那个话题了，有点犯怵，然后又因为他用手戳着我让我有点恼火，之前说的话有点儿走形式的意思，嘴上虽然那么说，但心里还是又开始闹腾了：

啥时候才能停啊！其实没有体会到他有多么伤心。他把手拿开后，我不再恼火了，我再说出话的时候好像也真的感受到了因周末短而没跟妈妈待够的孩子是有多么伤心了。

3. 很神奇呀，居然真的会发生作用，之前看《如何说孩子才会听，怎样听孩子才肯说》，一直怀疑书里的案例真的会发生在我家吗。这种奇妙的感觉让我很着迷，我要继续在这条路上走下去，虽然不容易，但一定还能看到更美的风景……

于丽嘉

• P.E.T. 父母效能训练课程学员

我是做通信行业的在职妈妈，2012 年生了宝宝以后开始关注儿童教育，逐渐走上育儿育己的道路。2016 年春天通过幼儿园家长的介绍参加了马瑞老师的 P.E.T. 工作坊。非常感谢老师把我引进了 P.E.T. 的大门。P.E.T. 让我从一个全新的角度重新看待自己，看待孩子，看待自己与他人的关系。从这个角度看过去，纠结的不再是对错，处理的方法也不再是指责、抱怨等"绊脚石"，我的生活也随之悄悄地发生着变化。希望更多的人能够走进 P.E.T.，找到适合自己的育儿方法，拥有温馨和谐的家庭、亲子关系。

第三章
接纳，融洽
亲子关系最佳时机

· 当你不知道该说什么的时候，就说实话吧！ ·

· Terrible Two's，原本可以很欢乐！ ·

· 妈妈，你比以前更爱我了！ ·

· 孩子挑战，你试过"调整环境"吗？ ·

· 每一个行为都是一种沟通 ·

· 一小时爱上接纳 ·

当你不知道该说什么的时候，就说实话吧！

树妈马瑞

身为家长，很多时候，我们会不知道该对孩子说什么。

"能说的都说了"，事情却没有按照自己期待的方式进展。眼前的局面是自己没经验处理的。

不说话，仿佛差一点。说了，又仿佛多了一点。

到底该说什么呢？

***

一位青春期女孩的妈妈，用"祖传"的"指责、批评、命令、唠叨"的方式和孩子沟通了 13 年，在参加 P.E.T. 工作坊之后，又遇到孩子对她大吼让她离开房间，"别管我写作业，烦死了！"妈妈生涩但是努力地用刚刚学到的"我—信息"的方式，对孩子表达着自己的真实感受："妈妈知道总是管你，你觉得很烦。其实妈妈也不想总是因为写作业的事和你发生不愉快，这么多年了，一提作业的事，你就烦。但是老师总是因为你不写作业的事，在全体家长的微信群里点名批评妈妈，我觉得很没面子，也很担心你的学习。"

"孩子面对着写字台，我站在她身后，我明明看到她眼睛里泛出了泪光，可是她就是不说话。"那位已经有了很多白发的妈妈说，"她没回头，也不回应我，我站在那里，不知道该怎么办。我很想走上去离她近一点，可是怕她烦。我想也许我该默默地走开，可是我觉得自己灰溜溜的。我很真诚地表达了自己的感受，但是她没有回应，我非常失望。"

"这时候我到底应该怎么做呢？"这位妈妈急切地问，"我应该说什么？"

"你不如就……说实话吧。"我说。

"妈妈很真诚地告诉你自己的感受，但是你没有回应，也没回头，我觉得很失望。妈妈现在站在这里，真的不知道该怎么办了。我想走过去离你近一点，可是又怕你烦。如果就这么默默地走了，我觉得自己灰溜溜的，很不舒服。"

"是啊，这就是我当时真实的想法啊！"妈妈说，"如果我真的这么说了，也许孩子反而能更理解我。我这么多年端着妈妈的架子，一直想让她知道我说的是对的，从来不敢让她知道我其实很无力。"

***

还有一次，是我和两岁多的孩子，第"N"次因为刷牙的问题，在浴室大战半个小时。"为什么要刷牙"的道理已经讲成"复读机"了，同理安抚也做了好几轮了，可是熊孩子一看到我手里的牙刷，就坚决地转过头去表示抗议。我知道，即使继续逼迫，趁着他哭的时候给他刷牙，也没有办法逼他喝水漱口，那还是前功尽弃。

我实在没有办法了，觉得自己擅长的那些育儿理论在面对一个"战士"时，实在虚弱无力。可是想到白天听到那几个两三岁就长了龋齿的小朋友的"事迹"，又觉得形势逼人。

积极倾听、"我—信息"、换挡、顾问法、调整环境、非语言的专注、理解性应答、邀请式话题……我都用了，我真的不知道该说什么了。

我泄了气，坐在浴缸里，垂下拿着牙刷的手，收起故作轻松的笑容，无奈地对小树说："妈妈知道老逼小树刷牙，小树不愿意。小树一哭，妈妈也很心疼的。妈妈不想让小树哭。可是如果不刷牙，妈妈真的担心小树的牙齿会坏掉。牙齿坏掉，小树就吃不了好吃的了，还要去看牙。看牙的时候挺不舒服的，妈妈去看过。想到带小树去看牙，妈妈也觉得很心疼。妈妈已经很努力地轻轻刷牙，陪小树玩，不想让小树不舒服，可是小树还是不肯刷牙，妈妈不知道该怎么办了，妈妈真的是希望小树的牙齿一直健康。"

说这些话的时候，我脑子里没有想去套用任何 P.E.T. 的技巧或者句式，只是真诚地表达自己的关心和无奈。

　　然后，小树睁着大眼睛看了我的眼睛5秒钟之后，龇着牙，把自己的一张大脸送了上来。

　　那一刻我感动得想哭，我搂着他的头，激动地说着谢谢："谢谢小树配合妈妈刷牙，这样妈妈就不用逼你了，妈妈好开心啊！"

　　这样的沟通有两三天。

　　从此以后，是的，从此以后——每一天，小树都乖乖地让我刷牙，再没哭过。

　　这样的例子很多。

＊＊＊

　　每次听到家长问"这时候，我应该说什么"的时候，其实他们的问题都是："这时候，除了'实话'，我还能说什么？"

　　我们总是希望去找一个专家给出的标准答案，而避免说实话。这是为什么呢？我没做过调查。但是作为人生前四十年也是"不说实话"协会一员的人，扪心自问，大概是有这两种理由：

　　第一是怕伤人。

　　是的，如果脑子里想什么就说什么，很多时候会伤人，而且显得没教养、没礼貌。比如在地铁里，看到"坚如磐石"地坐在"老幼病残孕"专座上而无视身边老人的时尚人士，我要忍住嘴边的"你妈妈怎么教育你的？怎么连基本常识都不懂啊？好胳膊好腿地坐在座位上玩游戏，没看到老奶奶拿着大包站不稳吗？""你这种人，老了也没人给你让座！"这样的"实话"，给老奶奶带来的，可能不仅仅是一个座位，还是一场肢体冲突惨案的见证人身份。但是如果我说"看到老奶奶站在'老幼病残孕'的座位旁边，还拿着大包，我觉得很心疼"，同样是不折不扣的"真实情况"，却不会带来任何伤害或者麻烦，因为这句实话，只关乎于我自己的感受，而没有任何对别人的指责和评判。在和家人沟通时也是一样，对于晚回来三个小时而且不接电话的老公，如果我们张口说出的"实话"是"你还知道回来啊？你太不负责任了，你心里就没有这个家，你根本就不爱我"，那就一定会让婚姻的小船遭遇台风，因为老公也不是"吃素的"，他心里的那些类似"我还不是为了这个家？不就是陪客户吃饭晚点回来吗？叨叨唠唠烦死了"这样的"实话"，也是信手拈来。而且，其实我们自己心里也知道，这些评判其实并不是"实话"，老公自有他负责任和顾家的那一面，只是今天，他一定有自己的原因才出现这种情况，但是我们因为太生气，所以来不及等他解释。这时候，如果我们只说一些关于我们自己的想法和感受的实话，事情就会完全不同了："你比平时晚了三个小时才回来，我等你等得特别着急，生怕你出事。而且打电话你也不接，我觉得你好像没那么在乎我了。"这样好像撒娇一样描述自己真实感受的话，才会真的收获你期待中的真诚道歉或者好言安慰。

第二是担心对方知道自己其实不够好。

比如我作为 P.E.T. 讲师，起初在被问到自己并没有把握的问题时，可能会找一些模棱两可的答案搪塞，却不敢说出那句"这个问题我还真不了解"的"实话"，因为担心被轻视。

再比如，我们在送给朋友一盒化妆品的时候，会说"我看你挺爱化妆，这个给你用最合适"，却不敢说出"保质期快到了，而我平时用不到"这个"实话"，因为我们希望对方更看重这份礼物，更看重这份礼物所代表的情义，当然也希望对方更看重我们。这时候不说实话，就是试图用语言营造出一个"源于自己，高于自己"的形象，以便自己能收获更多的价值感。这个形象更完美，却不是真的。我们想通过塑造本来不属于自己的品质或者能力，收获本来不该自己获得的信任或者反馈。

我们相信，我们自己本来的样子是不够好的，所以要建构出另外一个样子来覆盖和掩饰。

然而，真的能得逞吗？

我们都以为自己能骗得了别人，其实，"人之视己，如见其肺肝然"，唯一能被误导的，也就是我们自己了。

这一类不敢说"实话"的理由，是我在尽量避免的。当我说的话能越来越接近事实真相时，我也就能越来越内外一致。以自己本来的样子生活在世界上，绝对是不负此生的活法。

所以，当我们不知道该说什么的时候，就说实话吧，省心、省事，对得起别人，更对得起自己。也许，这是效果最好的沟通方式。

不信，你下次试试！

 作者自评

是的，正如三次获得诺贝尔和平奖提名的沟通大师托马斯·戈登博士的 P.E.T. 理念所说：当我们"说实话"的时候，如果只说关于"自己"的感受和想法的话，是永远不用担心伤害对方的。那些伤人的话，一定都是对对方的指责、评判和恶意揣测。

一个能坦然坦白地说出"对不起，这个问题我不清楚"的老师，难道不是会比给出敷衍答案的时候赢得更多的尊重吗？一个能自然地告知"这个化妆品保质期快到了，我也用不着，不如给你"的朋友，也许比刻意讨好朋友能赢得更多亲密和信任。

树妈马瑞

- P.E.T. 父母效能训练认证讲师
- 出版育儿书《把最好的自己给孩子》
- 孕期心理读本《一肚子幸福》
- 摄影育儿攻略《每一张照片都是一句我爱你》

人生是一个圆，通过孩子，看见自己，再经由自己，懂得父母。养孩子从来不是一件苦差事，是拉着孩子的手，温暖彼此。

Terrible Two's，原本可以很欢乐！

苗存芳

没来暖气的寒冷早上，小儿子一醒来就钻出被窝，光着腿、只穿一件睡衣开始跟哥哥玩各种游戏。

"邦邦！太冷了，穿了衣服再跟哥哥玩吧！"我说。

"不要！"小人儿怒目圆睁，冲我大喊。

"那就盖上被子坐着吧！"

"不要！"依旧声震天。

"纸尿裤也该换了呀，脱掉吧！"

"不要！"

"那就穿着吧！"

"不要！"

......

几个"不要"下来，哥哥已经笑倒在被子里了，跟我说："妈妈，邦邦真是太可爱啦！这就是trouble two吗？"听他这么问，我一下子也笑喷了，小人儿不明就里，但看到我们笑，也喊着"trouble two！trouble two！"然后扑倒在被子上跟我们笑作一团。换作几年前，这样的场景是无法想象的，老大进入执拗期的那段时间，只能用苦不堪言来形容。其实，当时也知道孩子会有这样一个执拗期，也知道不能打不能骂，只要倾听和陪伴，他的情绪就会好起来。可是心里那个烦躁和焦虑啊，憋得人快要爆炸了。现在明白，"知其然，而不知其所以然"是根本无法做到完全接纳的。不接纳孩子，又没有好的办法去改变现状，只有一个所谓的"好妈妈"标准生硬地支撑着，不苦才怪。

记得哥哥两岁的时候，带他在小区玩儿。他看到车位锁很是好奇，就蹲下来扳起来、压下去地玩儿，反反复复。有一次，他放下去以后却怎么也扳不上来了。看他努力了几次都没成功，好像要开始着急了，我就随手帮他拉了上来。这下可捅了马蜂窝！顷刻之间，他推开我，极其愤怒地大哭道："右右弄！右右自己弄！不要妈妈弄！"

那时候还没有学 P.E.T.，我并不知道积极倾听为何物。于是，我耐着性子开始给他各种解释和安慰，接二连三的"绊脚石"使得他的情绪一直升级，最终躺到地上打着滚儿地哭。我试图去抱，他却拳打脚踢，根本不让别人靠近。正在我束手无策的时候，小区里遛弯儿的老太太们围了上来："这孩子怎么了，哭成这样？""赶紧抱起来啊！地上多脏啊！"典型的中国式无界限轰炸以后，在我的心疼、焦虑和无助上又添上了委屈和愤怒，感觉我自己也要哭出来了！

当年这样的事比比皆是，感觉小人儿就像个随时可能被引爆的炸弹，一不留神儿我就会被炸得片甲不留。

那之后的很多年，我都在试图弄清楚那个阶段是怎么回事，想知道该如何应对才会使我和孩子都感觉快乐。其实，大部分孩子一岁多时，开始会说话、会走路了，都将开始一个无休止的探索过程，这是人类独立的本能使然。他要发展语言和身体能力，在反复的操作和模仿中了解和认识这个世界，从而渐渐开始有自我意识。那个内在的"我"独立和清晰了，他便开始按照"我"的想法和"我"的感受做出一些行为。比如，只要他看到大人在做一件事，一定会表示也要试试，因为他想经历那个过程，想感受独立地完成这件事的成就感。他太想这样了，以至于我们大人不想让他去尝试的、或者早早替他完成了的时候，他都难以接受，于是表现出强烈的情绪，这就是我们倍感煎熬、不可理解的"terrible two's"。

这个相对艰难的坎儿，其实非常重要。在养育孩子的过程中，我发现一个规律：当你越觉得难跨越的地方，就是你或者孩子最需要成长的地方，也将是对你和孩子的人生非常重要的节点。在孩子坚持要尝试各种看似不可能的事情时，如果我们给他足够的空间和信任，他不仅会在能力上展现出无限的潜力，更重要的是，他会在被支持的过程中，开始有自信、专注和勇敢的品质。而相反，如果这个时期处处压制他，只为着一个"听话"，便用尽责打、辱骂、呵斥、威逼、利诱来促使他违背人性、埋没自我，他便从一开始的抗拒、混乱到后来的顺从、麻木，渐渐呈现出我们想要的那个乖孩子的模样，同时埋没掉本该属于他的那个独一无二的自我。

很难说，在他以后的人生旅程是否还有机缘再把那个"我"找回来。无论如何，如果活了一辈子都是"别人的人生"，岂不太令人遗憾和沮丧了？

所以，当二宝开始天天喊"不"的时候，我是充满了无限欣喜的。那个要证明自己想要说了算的有力量的"不"喊出来的时候，他喊得带劲儿，我听得带劲儿！他要用筷子而非勺子；他要插钥匙开门；他要输入楼门口的数字；他要打开吹风机的开关；他要光脚下地去取自己的衣服；他要用成人的剪刀来剪纸；他要帮我打着手电，让我修理东西……这些事任由他参与，我只是看着，看着自信、满足、专注和爱在他身上生长，看着那个真实的"他"开始在内在逐渐长大。

当然，这个过程中还有一件非常重要的事，那就是"界限"。当然不是孩子所有的要求全都可以或能够满足，在没有条件的时候、在觉得有危险的时候……总之，是在问过自己——如果答应他去尝试，我是不是可以平静地看着他出错而不会有焦虑、生气和懊悔之后，如果有就别答应。这就是一个你画给孩子的界限，他慢慢会知道他和你之间是有界限的，虽然你是他的妈妈；进而他又会知道，他与任何别的人、他与这个世界也是有界限的。这个界限感是保护尊严、是拥有独立而自由的人格必不可少的东西，我们怎可白白丢了它？

所以，这个"terrible two's"之所以难熬，还因为他对成人也是一次难得的成长机会，凡成长必伴随痛苦。孩子要发展他与生俱来的那些品质，也是人类本该具足的品质，是大多数成人已经都消磨殆尽的，所以才很难对孩子产生同理心，才会对他的种种行为产生情绪，从而导致不接纳。在对我和大宝那个时期的种种反省之后，我就清晰地发现很多事是由于自己的界限不清，无意识地去剥夺他自己解决问题的机会，也无意识地掉进他的情绪里导致的。其实，遇到困难的是他，需要解决的人也是他；有情绪的是他，需要处理情绪的也是他自己。而我，只需要在那个时候，守着他、倾听他，让他知道有一个人很爱他，无论在任何时候都愿意支持他、陪伴他就足矣。

如今对待二宝，除了常常给他各种自由和空间以外，我也会先看看那件事是他的还是我的。如果是他的，除非他求助，否则我绝不越界。（当然，有时候求助我也不一定会同意帮忙）同时，我也常常留意自己的界限，如果是我无法接纳的，也会明确说"不可以"，当他因此有情绪了，我就积极倾听。

每天每时每刻，这样的事情都在发生，我知道他正在经历着什么，所以认真观察、努力学习，并乐在其中。

当我问阿姨："孩子今天拉了吗？"阿姨说："拉了！"小人儿立刻噘起嘴，尖叫道："阿姨不说，邦邦说！"我稍稍倾听他一下，然后再郑重地问："邦邦，你今天拉臭臭了吗？"他手捂鼻子、皱着眉头认真地说："拉了拉了！"

喝完奶，他想把奶瓶给阿姨，我看阿姨够不到，就帮忙转了个手，小人儿大哭："妈妈不给，邦邦给！"只好又倾听他，然后再请他亲自递过去，这事儿才算完。

如果听见他嘟囔着说："哎，球呢？""哎，邦邦的袜袜呢？"即使东西就在眼前，我也一言不发，只是静静地等，看着他这里找找那里找找，直到他看到球的那一刻，眼睛瞬间充满光彩，然后开心地冲我喊："妈妈，球在这儿呢！邦邦自己（找到了）！"那份浓烈的喜悦深深地感染到我，我禁不住由衷地赞赏他，跟他分享喜悦。那感觉真的很美好！

渐渐地，他从称呼自己"邦邦"和"你"，慢慢开始会说"我"了。想玩哥哥的东西，他会先询问哥哥，哥哥说不同意，他坦然放下。哥哥带着小伙伴到家里来玩儿，随手拿了他的玩具，他就走过去，焦虑地说："我，我的……"如果人家不理，他就急得要哭了；如果小哥哥跟他说："哦，这是你的啊！我想看看可以吗？"他就会说："可以！"然后愉快地跑开。

我更加深刻地体会到，孩子所谓的执拗，不过就是他渐渐清晰地看到那个"我"，他要那个真正的"我"做他世界的大王，他要按照大王的指令跟这个世界联结，任谁阻拦，他必将抗争到底。

作者自评

多么神奇而有力量的一个生命蜕变时刻啊！我们怎能不仰视、不赞叹！怎忍心用一个假冒的"大王"去替代他自己登上那个宝座，让他的一生听别人的摆布?! 这是个值得庆贺的欢乐时刻！让我们带着喜悦、认同、接纳甚至是敬仰，来陪伴孩子的 terrible two's。

苗存芳

• P.E.T. 父母效能训练讲师

出生在北方古城。二十多岁时，辞掉银行的工作，去了上海。五年后，迁徙北京。

在京十五年，有说不尽的人生功课。内在渴望觉醒的动力促使我走上自我成长的道路。上过一些课，现在信奉和践行觉察与 P.E.T.。年过四十，才有了刚刚开始"活"的感觉。欣喜依然大于遗憾。现在的我，上班时认真开会、出差；下班回家开心带娃儿游戏、学习、旅行；业余时间写文章、讲微课、开工坊，快乐分享 P.E.T.。

妈妈，你比以前更爱我了！

苗存芳

从孕育第一个孩子开始，我就走上了学习养育的"不归之路"。看了很多书籍、听了很多大咖的课程。在大儿子进入爱和自由的幼儿园后，更是参加了各种各样的培训、讲座。说起来也很早就知道要给孩子立界限、要给孩子高质量的陪伴；也明白无条件养育的重要性、知道唯有爱与以身作则才是养娃"王道"。

但是，那又怎么样呢？

在孩子五岁之前，我依然是碰到一个困扰就去针对这个困扰找解决方案的妈妈。好不容易解决了一个，紧接着就有新的冒出来，甚至有时候一个还没解决好另一个就又来了。疲惫不堪的时候，我总忍不住沮丧地想：养个孩子咋这么费劲呢！

有那么一段时间，我开始放下孩子，把焦点聚集到自己身上。通过自我觉察的练习，我日渐明白：原来很多问题不是孩子的，而是我的。

很幸运的是，在这个当口，我遇上了 P.E.T.。通过系统的学习和深究以后，我找到了所有困惑的源头：在没弄清楚自己的需要的时候，根本谈不上去引领和陪伴另一个生命的成长；我知道和懂得再多再好的教育理念，在没有一个切实可行的具体操作模式去付诸行动的时候，这些知识只会加重我自责的砝码。

而觉察和 P.E.T. 彻底帮我解开了这个困惑。

现在的育儿生活中，依然有层出不穷的问题，不同的是，面对这些问题的时候，我不会慌乱、不会急着去找解决方案，我只是努力保持觉察地去使用 P.E.T. 的方法，以一而贯之。这样坚持下来，不仅我自己收获颇丰，还让我觉得养孩子再也不是苦差事，而是一段愉悦和满足的生命历程。

之前，我对大儿子的教育方式是权威和宠溺并用的（大多数家长都是如此，只不过偏重有所不同），而宠溺的部分比权威更多一些。儿子小时候特别喜欢吃巧克力，我知道吃多了不好，但觉得满足他口腔的需求和给他自由决定的权利比较重要，我依然会买好巧克力放在他的零食柜。但是每当他连续吃了三大块，还接着要吃的时候，我就会焦虑。一开始我会忍着这份焦虑，一边忍还一边假装不咸不淡地提醒他最好别再吃了。当他有一次连续吃了九块的时候，我的火山爆发了，对他的担心、对自己的责备都化作了愤怒的指责和恐吓。结果可想而知：儿子莫名其妙和害怕的同时，仍然不知道该如何调整自己的行为。

这样类似的事件很多，以至于儿子直到六岁，还经常会问我："妈妈，你爱我吗？你到底爱不爱我？"我知道是自己跟他的互动方式出了问题，导致他产生了不安全感，让他内心对妈妈的爱表示怀疑。

学习了 P.E.T. 以后，我在实践中努力修正原来的模式。

当他再问我是不是爱他的时候，我不会像以前一样无论何时何地何种状态都回答他："我当然爱你！"而是告诉他那一刻我最真实的感受。当他找不到东西发脾气的时候，我再也不会第一时间就跑去帮他找东西，紧接着教育他发脾气解决不了问题。而是先倾听他，然后让他自己找，或带着他一起找。

当他要违反我们的约定想多看 iPad 的时候，我不会像以前那样以事先有约为借口直接回绝他，也不会因为当时心情很好就满口答应他，而只是表达我的担心，然后倾听他。

记得有一次，他打电话给我要求超时看 iPad，我始终没有说同意还是不同意。我只是表达我担心他的眼睛，他有情绪了我就倾听，车轱辘话反过来调过去说了差不多 20 分钟。我并不能保证他一定不会再去悄悄地玩 iPDA，但那样的反馈是在给他树立我对这件事有一个始终如一的态度，并且，在表达跟他不同的观念和看法的时候，我并没有破坏我们的关系。

他还是会有我不能接纳的行为，不过我不再忍着，而是第一时间表达我的焦虑、担心甚至是愤怒，无论是在家里还是在外面。

有一个晚上，我去他的小朋友家接他。因为单程要二十多分钟，我希望八点从小朋友家离开，这样不耽搁八点半给弟弟洗澡。这个情况我也事先跟他提过。但是，我去接他的时候，他舍不得走，想再玩会儿，我们约好再玩 10 分钟。10 分钟过去了，他还是不想走。我有些焦虑，但他说最后再 5 分钟，到点儿立即走，我就同意了。5 分钟又过去了，他不动，貌似还不打算遵守刚才的约定。（其实，这就是孩子，在他还未形成自控力的时候，这样的事情很平常）但我当时真的很生气，就直接告诉他我本来就很着急，连续推迟了两次他还不走让我真的受不了了，我告诉他会在外面等他。然后跟那个小朋友的妈妈告别后，就先出了门。他很快就出来了，跟我真诚地道歉。我也又一次澄清了为什么会那么着急和生气。很快，我们就都很愉快了。

其实，那个当下，我还是有一点点担心小朋友的家长会觉得我很凶，因为我周围的大多数家长都非常尊重孩子的感受。当然，换作以前，我根本不会这么做，只会让自己陷入虚假接纳的焦虑里。可是，后来我又碰到那位母亲，她对我那天的做法表达了欣赏，使我再一次感受到真实的力量。

在越来越多的实践中，我比任何时候都更清楚：孩子的具体问题是他的，不是我的；孩子的情绪问题更是他的，不是我的；当用真实的、非指责性的语言表达我自己感受的时候，不会伤害到我们之间的爱；我只需陪伴他，让他知道自己拥有情绪是自然的、被接纳的；然后，所有具体的问题都会在这些基础上迎刃而解。

就这样持续了一段时间，七岁的大儿子有一天对我说："妈妈，我觉得你对我比以前更严厉了，但我觉得你比以前更爱我了！"我一时哽咽，默默地在心里说：谢谢你儿子！给我时间，一切还会变得更美好！

作者自评

P.E.T. 的确是一个用来沟通的工具，因为它有太多的具体方法和操作细节。但它又不仅仅是一个沟通工具，它本质上是启动了让爱在家庭里真实流动的那个模式。不同家庭运用它，找到的是最适合这个家庭的模式和解决方案。我们可以不一样，因为我们原本就是不一样的。

孩子挑战，你试过"调整环境"吗？

郑敏旻

美国诗人惠特曼有一首诗《有一个孩子向前走去》。诗里说：

有一个孩子每天向前走去，

他看见最初的东西，

他就变成那东西，

那东西就变成了他的一部分

……

那东西是什么呢？

那东西就是我们的环境，它潜移默化地影响着孩子！

孩子周遭的一切东西——他所在的学校，他所居住、生活的地方，屋里、屋外，他所触碰的所有玩具、书本，等等。

这个环境得当，孩子会像个天使一样生活在里面；如果不得当，孩子就会给你带来很多挑战。在一次家长会上，有个妈妈分享道，她家孩子每天晚上都把玩具从房间玩到客厅每个角落，睡前催促他收拾玩具，孩子要么没听见，要么收一半跑掉了。最后玩具只好像匆匆忙忙地如扫垃圾一样堆到一个角落。有一天这位妈妈一个人坐在那儿收拾，把玩具从各个角落收集过来，然后一一分类归位，事后她意识到这并不是一件容易的事，她作为成年人都要做出一身汗。于是他们全家开了一个会，做了一些整理，把最近不玩的玩具打包起来，这样玩具的量减了下来，基本上控制在孩子能够在 5~10 分钟收拾好。另外还做了玩具架来陈列玩具，让玩具有家可回。这样下来，孩子开始愿意去做，对收拾玩具没有那么大的压力了。因为可较轻松收拾好，另外他也知道该把玩具收到哪里去。

环境也包括一些无形的东西，比如我们的生活节奏。

孩子刚开始上小学时，为了不错过班车，每天早上我们都非常紧张。叫了醒不来，醒了起不来，起来了又吃不下饭。我们最常说的一句话："快点啊！"孩子最常应道的是："你们怎么老是催！"有时为了哄他吃饭，就先忍住火，但一旦来不及了，大家就会爆发情绪。最后就是孩子大哭大闹，很不配合；我们心力交瘁、哀声一片，总是抱怨道："这么大了，怎么还这么不懂事！"客观地想想，孩子确实叫不醒呢，因为睡不够，这样怎能爽快地起床做事呢？更别提自然醒了。痛定思痛后，我们从出门时间上开始倒推，算出要起床的时间，再算出入睡的时间，以及晚饭的开饭时间。最后从孩子放学回来的节奏开始做了一个大调整，取消放学后的户外玩耍，直接先吃晚饭，洗漱完成后，再下楼散步，入睡时间调前半小时，早晨的起床时间再调前 10 分钟。当然这是在不断试错、不断调整的过程中，一步一步更新到合适的频率的。这样的节奏调整，比你跟孩子说一百遍的道理、无休止的争论等要有效得多。

最后，再说说，环境中最重要的组成部分——我们自己！是的，我们自己！

心理治疗过程中有这么一个规律：一个好的心理咨询师对来访者的影响，45% 是来自咨询师个人的生命状态，40% 是来自来访者自身的环境、关系、支持等，而所谓心理咨询技巧只占到 15%。我们对于孩子，与其说是他们的养育者、教育者，不如说是他们的顾问、协助者、支持者。所以亲子关系和心理治疗中来访者和咨询师的关系非常相似，我们不妨迁移这个规律到亲子关系中：在亲子关系里，养育的技巧只占到了15%，而养育者、家长的个人成长、生命状态则占到了 85%（因为养育者本身也在作为孩子自身的环境、关系、支持等的 40% 里）！"

如果不懂育儿技巧、不懂儿童发展，只要做好自己，至少也能得到及格分以上。所以作为孩子环境中最重要的部分——成人的状态，才是我们作为父母要不断去调整，不断去学习、提升的。

比如，很多孩子有打人行为，他的父母也很想让他变好，于是嘴里就教育着孩子不能打人、不能骂人。可自己一急起来，就是对孩子简单粗暴地谩骂，甚至出手。上次我看到一个小女孩，她妈妈叫她回家，她不愿意说还想玩，她妈妈立马一巴掌抽过去，并嚷嚷着："不是说好再玩5分钟嘛，你这说话不算数的！我不是教你人一定要说话算数吗！"所以如果你想教这样的孩子不要打人，那她所在环境中的成人一定得调整自己，这是她从环境中吸收来的应对模式。当然，我们这里不能说所有的打人行为都是养育者本人带来的，但可以肯定的是孩子一定在周围环境中吸收到了一些这样的动作，也有可能是电子媒体或其他。别无他法，调整环境，让我们成人成为孩子环境中最好的那部分。

 作者自评

育儿路上，调整环境和反观自己真是件四两拨千斤的事。在P.E.T.中，我们认为调整环境可以预防、防止亲子关系中问题的出现，扩大无问题区。而无限扩大无问题区将是我们不懈努力的方向！

郑敏旻

- P.E.T. 父母效能训练讲师
- 多子女养育课讲师
- 完成首届三年制华德福幼教师资培训（WECC）、亲密之旅中级培训
- 参加过0~3岁幼儿华德福养育课、12感官等
- 曾担任过"北京华德福家长课程"手工课助教和翻译
- 微信公众号：宝贝妈来了

每一个行为都是一种沟通

闫　珺

因为从事亲子教育方面的工作，我接触到很多妈妈，有些是我的朋友，有些是听过我的课，也有些是专门找到我的。她们会跟我说很多关于孩子的事，最后归结为一个问题："我的孩子这样，我该怎么办？"

让我们先把该怎么办放到一边，一起去看看孩子的行为，试着去了解孩子行为背后的需求是什么。从这个意义上说，我深信小巫老师的一句话："每一个行为都是一种沟通。"

同样一个行为，背后隐藏着千差万别的需求。比如孩子不愿意去幼儿园，当妈妈能接纳孩子当下的状态和想法，倾听孩子内心的声音，就会发现其中有很多原因。一些孩子是因为父母的陪伴时间不够，所以希望通过不去幼儿园来跟妈妈多待一些时间；还有的孩子是因为担心在幼儿园被老师批评，或者担心没有小朋友跟他玩；也有的是担心没人照顾家里的弟弟、妹妹、小猫、小狗。

我曾写过一篇关于我儿子不上幼儿园的文章，"剥洋葱"的过程前前后后经历了很长时间、很多曲折，在倾听的过程中我慢慢看到他不愿意去幼儿园的原因，从因为"我要在家做很多事"到"我想陪着妈妈"，再到"我担心妈妈的身体"，写的过程中我就止不住眼泪，从评论和反馈中我也看到很多人感动到流泪。当我们放下心中的评判"你这个小孩怎么从小就厌学"，透过层层迷雾，看到的都是孩子渴求爱、充满爱的一颗心。

在上过P.E.T.父母效能训练工作坊后，我们再看到孩子拥有问题——孩子有情绪或者有需求时，我们家长能用到的就是支持技巧，比如倾听。但究竟什么时候孩子是有情绪或者是有需求的呢？是一定要孩子哭、生闷气或者害怕到发抖才叫有情绪吗？

"每一个行为都是一种沟通"，同样，"每一个行为之下都有情绪和需求"，想想我们成人，所有的行为不是都被七情六欲所左右吗？孩子也是人啊。

举个我们家的例子。就在昨晚，我忙着写新文章，儿子拿出毛线团开始布置"红外线"陷阱，不时地喊我"妈妈你来看看啊"，我一直应着声却不起身。他玩得不尽兴，开始和奶奶一起收毛线团，又喊我"妈妈来干活"，我答应着却连眼皮都没抬，这时只听小小的一声"嘣"，毛线断了，他把气往奶奶身上撒："谁让你把毛线团那头拽得这么紧，害我的毛线团断了！"

现在停一下，看看这个场景，如果没有看到我之前的描述，现在大家能看到的就是一个"无理取闹"的孩子，奶奶好心帮他团毛线，他自己把毛线弄断了还怪别人！换到以前，一家人可能就该一拥而上讲道理了。

而现在，在一个 P.E.T. 讲师的家里，所有的成员长期耳濡目染，都看得出孩子在问题区了，知道孩子被情绪占领时，头脑是无法思考的，大家都不说话了。

我把他揽到怀里："你的毛线断了，你觉得是因为奶奶拽得太紧了，你很生气。"

"哼！要是你配合的话，我也不会缠得这么紧！"被共情后的孩子很快把矛头指向了我，我很欣慰。

"嗯，你觉得是妈妈没配合你。"

"是啊，我喊了你那么多遍！"

"是啊，喊妈妈那么多遍妈妈还不来，你着急了！"

"是啊！"

被理解了的孩子，情绪来得快去得也快，听起来很神奇，但是他已经走出问题区了，拉着我问："妈妈你明天陪我去上钢琴课吗？""当然了！""太好啦！"

事情还没完，高兴有时也是种情绪，刚从愤怒中出来，就进入这个状态，似乎也在传递着什么，我等在那里。"妈妈，周三你能去接我吗？""噢，可能不行，妈妈周三下班有点晚，赶不上接你。""那周四呢？"我知道周四也赶不上，话到嘴边又咽下："你希望妈妈能去接你。""你看你才有多少时间陪我啊，我想找你玩的时候你都不在。"我能感受到他的情绪，但不强烈，他几乎从不会像我小时候那样火山喷发般地发脾气，我想可能是因为每一缕小火苗都有机会像烟花般绽放，就不会堆积成火山了。

我们就这样轻声地聊着："你想找妈妈玩，可是妈妈常常不在。""是啊，周日你也不在。"他已经习惯了我每个周六都不在家，因为要上课。"周日妈妈也不在。""我跟爸爸、奶奶一起去公园，看见我们班其他小朋友了，他们都是跟妈妈去的。"孩子说到这儿的时候，我在心里绘制了当时的画面，心里酸酸的。"嗯，妈妈没能陪着你去公园，你很想让妈妈陪。""妈妈，你周日是去上课了吗？""是啊。""下个星期就不上了吧？""不上了，妈妈每个月只有一次周日上课。""那就好。"

每次跟孩子聊完天，我都会反思，每次和宝爸宝妈们聊，也都会和他们一起探讨：孩子在透过行为传达什么，在沟通什么，告诉了我什么，我能做什么。

安心老师在文章里写道："没有孩子不乖这回事，只有未被满足的需求需要被看见；也没有所谓的偏差行为，那是孩子爱的呼唤。"当我们看见了这份需求、这份呼唤，也就找到了一条心和心相连的通道，沟通才能在心与心的层面发生。

 **作者自评**

"每一个行为都是一种沟通"，只是这些行为被编了码，乔装打扮成

孩子认为安全的方式，以言语和行动表达出来。作为孩子的养育者，我们需要的不仅仅是用心，因为此时关心则乱，而我们的心上已因成年累月的经历和经验而蒙上了灰尘，我们没有办法一时间把这些灰尘掸去。但我们可以学习一些方法，让自己在沟通，尤其是倾听时，先把自己一拥而上的感受全部"挂"起来，全然地以"无我"的状态去感受孩子，这样才能联结上孩子的感受。孩子的行为和他们的感受息息相关，当他们的感受改变了，他们的行为就会改变。

• P.E.T. 父母效能训练讲师

一个"斜杠青年"①，曾有十年高校教师和企业培训经历，现在的职业是 P.E.T. 父母效能训讲师和心理咨询师。家有 6 岁小娃，为成为"足够好的妈妈"，我一直走在育儿育己、向内探索的成长之路上。

闫珺

---

① 指拥有多重职业和身份的多元生活的人。

一小时爱上接纳

王 漪

很多年以前，我是"不高兴小姐"，本杰明是"没头脑先生"，我们拌了次嘴，于是"鬼未使神未差"地有了个叫"事儿姑娘"的闺女。

前几天在工作室做线上沙龙，讲起这个因由的时候还着实让我回忆了一下过去。拌嘴的原因早已经忘了，不过那次吵架的影响却像标签一样贴到现在。自作自受成了"事儿妈"，现在想来都是笑话，自我解嘲的小情趣。

有时我也会想，自己真的是如假包换的"挑剔人"吗？现代汉语词典里说，挑剔，是过分严格地在细节上指摘。从前我会觉得，严格是对的，讲究细节是好的，标准是不能妥协的。只要不过分，挑剔也是因为要讲原则，做人做事都不能没有原则。可是，当我们想在家里跟孩子讲原则的时候，通常就会碰一鼻子灰。沙龙在线分享的伙伴们也几乎一边倒地认为，跟孩子讲原则太不容易了。

在我学习 P.E.T. 之前，我也觉得很难。

就像天黑了，孩子在沙坑里刨得正高兴呢，你跟她约 10 分钟后回家。可是，10 分钟过去了，12 分钟过去了，16 分钟过去了，孩子都不动窝。你跟她说，该回家啦，她眼都不抬，嘴上应道"马上马上"，然后手上又铲一桶沙。你跟她说：游戏时间结束了，应该回家啦，这是个关于时间的原则；或者说，约好的时间到了，要说话算话呢，这是个关于守诺的原则。可惜，这两种讲规矩的方式，在大多数时候，小朋友是不会买账的。

就像家里来客人了，孩子就是不情愿把心爱的芭比给小客人玩。你对孩子软硬兼施，想要让她明白对待朋友尤其是来客要慷慨的社交原则，恐怕她是会哭闹或恨恨跑开以示抗议的。

就像晚上作业没写完，孩子却想看动画片。你告诉她重要的事情先做，这是高效学习的优先原则，她会怎样呢？是软磨硬泡要看片，还是敷衍涂几笔作业了事？

在这些事情上，事儿姑娘都为难过我。

那些日子里，我的模式大抵是这样的：讲道理，比如，妈妈小时候就是先做作业再玩，养成好习惯；不灵，就开始夸，你最棒了，你最懂事了；不灵，就给选择，要不5分钟后开始学习，或者10分钟后，你选一个；还不灵，就换恩威并施，还不学习，我们以后就都不要看动画片；继续不灵，恼羞成怒，开始命令（快点，现在，马上！）。

所有这些，无非是想要向孩子证明：我是对的，你按我说的做是为了你好。但是孩子就是不解人意，不遂我愿。母女交锋，层层升级，最后都得逼着当妈的变身"半驴人"大吼"我还管不了你啦"，或是心灰意冷变身怨妇，不得已作罢"管不了你了，随你去吧"，闹得好像一个"没头脑"，不知道发生了什么；一个"不高兴"，气得也不想知道发生了什么。

如此，每天在各种事情当中反复循环、纠缠，真的是为难。战战兢兢、如履薄冰，害怕和孩子遭遇这样的情况，可是这样的雷区却又避无可避。父母在所谓"不乖"的孩子面前"丑态百出"恐怕就是我这样的了。

直到我开始学习P.E.T.、实践P.E.T.，我才慢慢开始觉得孩子让我们为难的这些时刻，真的是教育的好时机。我们说育儿育己，不仅仅是教育孩子，更是反观我们自己作为父母的成长。父母也需要学习。最初是抱着解决问题的目的找上P.E.T.，现在却感受到沟通理念和技巧的改变，提供的不仅仅是方法本身，而是思路。在关系互动中思路清晰，受益的最先是自己，然后惠及孩子、家人、朋友。

我还是那个觉得做人做事要有原则的"事儿妈"，但是我看待原则的角度，处理所谓"没有原则"的事情的方式有了改变。P.E.T. 的理念中让我最有感触也最觉得受益的一条就是接纳。我曾将沙龙分享的主题定为"一小时爱上接纳"，固然有些哗众取宠的小心机，但也真是心声。什么是接纳？ P.E.T. 原版英文用的是 acceptance，《朗文当代英语词典》里我觉得比较适用的一条释义是：

The ability to accept an unpleasant situation which CANNOT be changed, without getting angry or upset about it.

简单翻译过来应该有这么几层意思：接纳是一种能力，接纳者身处一个看起来可能令人不太愉悦的情境，该情境在那个当下已经发生且无法改变，而面对这样的情境保持不被触怒或伤怀。

这么看来，对于那些本来就让我们很愉快的事情，比如说孩子特别自觉地写作业，麻利儿地洗漱，然后倒床就睡，第二天按时起床，高高兴兴地上学，高高兴兴地放学，然后写作业……这样的一天我们接纳起来毫不费力。难点在于孩子别别扭扭、磨磨蹭蹭、纠纠缠缠、浑浑噩噩的时候。当孩子在闹情绪的时候，我们看不顺眼的时候，接纳是种挑战。有时候我们心里还会犯嘀咕，孩子就不应该这样做，难道还要接纳纵容吗？也许还会怀疑，此时的接纳真的有用吗？

于我而言，接纳，就是一种与"非"与"异"的共处之道。所谓"非"，就是我们不认同的事或观点；所谓"异"，就是跟我们不一样的做法或想法。所谓共处，是和而可以不同。孩子所谓的"别别扭扭"不做作业，刚写几个字就喊"好累啊"，然后头一歪趴桌上。如果妈妈想，一年级的孩子作业有什么难的啊，就那么几行字，十分钟完事的活儿弄到半个多小时。然后觉得这孩子就是不爱学习，一念起，事端生，来气。妈妈也许就会上前把孩子提溜起来，摇摇晃晃地扶正，然后半劝半哄说："哎呀，没多少了，写完就休息了。"或者厉害一点儿地说："这才写几个字啊，还不快点。"或者更焦虑一点儿地说："现在才一年级，以后作业多了看你怎么办？"

可惜怨气拗不过现实，多说大体都是无益的。

当我们看到孩子喊累，放下手里的作业时，要知道这是个很明确的线索：孩子不高兴了，她遇到了麻烦，被困住了。这是个事实，我们首先需要承认它发生了，不要试图去掩盖、去逃避、去否认，要允许孩子有所谓的负面情绪；然后，尊重孩子也是个独立的个体，意识到他（她）有自己处理麻烦的思路和做法，不要试图去评判、去否定、去预测，即便他（她）的做法跟我的不一样，甚至是我所反对的，在那个当下暂且放下，将关注点放在孩子的感受上。当我们真的做到不被这样的场景触怒，而心平气和、敞开怀抱，让孩子拥有情绪流动的自由，接纳就自然而然发生了。

接纳不等于容忍，忍字头上一把刀，是件痛苦的事儿。而接纳却是愉悦的、平和的。

接纳也不等于认可，我们的"非"与"异"还在我们的脑袋里，只是暂时被搁置了，换作用心来感受。

接纳不是放纵，是要让我们关注当下。不要让未来左右当下，而是要让每个当下影响未来。

那带着接纳去帮助孩子，会有用吗？

讲个事儿姑娘的故事。

一个周二晚上，做完作业，她开始收拾书包，准备第二天要用的东西。刚打开书包，就放下了，站到书桌边说，妈妈我不想收拾。我愣了一下。此时心里咯噔一下，我知道事情来啦，不能逃避，要去面对。

我：哦。（不急于否定，也不急于打探）

事儿：我不想上明天的品生课。

我放下书，走到她身边，搂着她一起坐下。

我：哦，提起品生课就没兴趣。（此时做到不评判。其实对我这个从小品学兼优，当过少先队大队长的好学生来说，随意不上

81

课可不是我的作风。但是这些此时统统都到一边去，因为我知道闺女此刻需要的不是"意见"而是"看见"）

事儿：嗯，妈妈我明天不上品生课，我晚点去好不好，8点多或者9点？（她开始自己想解决办法，虽然这不会是我的选择，我还是将想法放一边，继续关注她的感受）

我：嗯，你想躲开品生课，讨厌这节课。

事儿：那就这样说定啦？（其实孩子潜意识里知道这个逃课的做法并不一定会是妈妈认同的，但是她希望获得妈妈的许可）

我：真希望妈妈同意。这样，妈妈想再听你说说。（我没有急于表态，还是想要多了解一下孩子的感受，用了 P.E.T. 中的"门把手"技巧）

事儿：就是不想上嘛。

我将她搂得更紧些，在她耳边轻轻说：唉，想起要上这节课就很难受。

她不说话，头靠在我肩膀，沉默。我静静陪着，此时不去预测她会说什么，不去筹划该如何继续，而是跟随孩子的节奏。

她停了一会儿，说：我不想当小组长。

我：哦，这让你很不舒服。

事儿：小组长要说其他同学的故事。我记得自己的，但课后要到台上去讲其他同学的。

我：要去讲话，你很担心。

事儿：我明天不上品生课行吗？（孩子好像又绕回来了，可我看见了她踏出的第一步）

我：要做小组长，你真的很为难，要讲同学们的故事对你来说很不容易。（回到孩子的感受上，帮助她梳理卡住她的是什么）

事儿：要不让×××同学当组长？哦，不对，他当过了。（她又开始自己找解决方案，并且开始客观评估。我此时不对她的

结论做评判）

我：看来，同学们是轮流当的。（只陈述事实）

事儿：是啊，每个组都有一个组长，一共六个组，你知道六组的主题是什么吗？（孩子似乎从先前的情绪中走出来一些，开始关注课上要讲的内容）

我拍脑门乱说了个：热爱学习！

事儿笑着说：不对，是……五组，你猜猜。（原谅我此处必须用省略号，实在是没记住。下同）

我又瞎猜……此时适当示弱，装傻。

事儿咯咯笑：哎呀，是……

然后我们就这样一问一答，一直说到一组。

事儿：妈妈，我就是一组，你知道我们的主题吧？那天课前调查那张表你都看了。

我是真记不住，又胡乱诌了一个。

事儿：是……哎呀。妈妈，我明天就不想上品生课！

再次绕回，但我知道她情绪已经卸去了大半。

我：嗯，你真的很担心。

事儿：妈妈，我明天不上，下周品生课是不是还得当小组长？（她再次为自己的解决方案评估。我只做跟随，不评价判断）

我：哦，还是得轮到呀。

她突然说：妈妈，我不上啊，你就是给我吃巧克力我也不上。

然后就使劲抿嘴，好像很吃力要忍住笑的样子。

听到这句话，我有些意外，不过事后复盘时我体会到的是，她有一点犹豫，没有更好的办法躲开，但又不甘心就此面对，却已经没有先前那么忧虑了。当我们开始要用誓言表达决心时，往往是因为我们意识到事情有了转变，态度有了从内向外的动摇。我不想拆穿她，孩子还需要时间。

我笑笑，表示知道啦。

她也笑起来。

我看时间有些晚了，就招呼她，要不，我们先洗漱吧。

她很爽快地去了。

回到床上，我主动问她，咱们再聊聊品生课吧。

她哼唧哼唧道："我明天可以晚点起床了吧。"（看来还是卡着）

> 我：真想躲过去。要站台上讲别人的故事，太不容易了。
>
> 事儿：嗯。
>
> 我：真担心自己会忘。
>
> 她搂紧我的胳膊：嗯。
>
> 我：忘了讲不下去，有点丢人。
>
> 事儿：妈妈，当小组长真难。

我们搂了一会儿，她渐渐睡着了。

第二天，我担心她心里这道坎儿还没过去，特意早叫了她10分钟，万一要闹会儿情绪也好有个缓冲时间，我也能稳住自己。但是让我惊喜的是她起床很顺利，一路准备、出门、进学校都很开心，没再提品生课。

事情到这里还没完全结束。

> 晚上做作业时她突然说：妈妈，今天的品生课改成英语课了。
>
> 我：哦，那你松了口气吧。
>
> 她一笑：明天还有品生课。
>
> 我回她一笑，应了声：哦。
>
> 然后，她就继续作业了。

事到如今，差不多三周，品生课事件算是暂告段落。

这整个过程就像喝了盅暖茶，十分熨帖舒服。虽然孩子最初面对困扰的应对方式并不是我认同的。她想要躲开，而身为母亲，我的人生阅历告诉我逃避一定不是最好的选择。但是我并不纠缠在这点上跟她辩论对错，我看见的是她的情绪，她的担心、紧张与害怕。我允许她在这样的感受里慢慢体会、慢慢梳理，找回自己思考、判断的能力。

接纳，不以改变为目的，但许多向善的改变通常确是接纳的结果。当事儿姑娘笑着对我说，明天还有品生课时，我明白了，她已经不再被自己的情绪卡住，她找到了她的解决方案，做出了她自己觉得最好的选择。这就是接纳的魅力。跟孩子讲原则容易吗？其实难，也不难。我意识到，接纳是处理问题的第一步。所谓通情达理，先"通情"，接纳情绪，处理情绪，然后才能"达理"。有时候这个"达理"都不需要我们去讲，孩子自己就知道了。《P.E.T. 父母效能训练》一书里讲，接纳就像是土壤，肥沃的土壤能让种子萌芽、成长，开出有魅力的花朵。土壤的作用仅仅在于使种子成为花朵，它释放了种子成长的能力，但是这种力量是完全存在于种子本身的。孩子就像种子一样，蕴含着成长的能力。

知易行难，知道与做到之间总是隔着一段无法逾越的距离。有时候，孩子说的话和做的事让我们真的没办法淡定。他们说出来的话就像情绪炸弹，他们做出来的事儿让我们恨不得把他们重新塞回肚里去。有一位P.E.T. 讲师提到过他上小学的儿子，他说的话恐怕是我听到的最"离经叛道"的。因为刚开始成绩不好被嘲笑，跟妈妈说要转学，说"不答应，我就去死"；讨厌班里同学，说"要杀了我们班所有人""要用炸弹炸了整个保定"。

字字动容，句句诛心。

然而这位讲师是个"hold 住妈妈"，她用 P.E.T. 的智慧把这些炸弹都接住了。所谓化干戈为玉帛，这些炸弹被接住、被转化，最后成为孩子改变的力量。

接纳是一种能力，自有其天生的气质心态，却也有后天的觉察培养。如何接纳必定是有迹可循的。

P.E.T. 里有一扇著名的"窗户"叫"行为窗口"，窗口里看见的是别人的行为，一条接纳线将窗口分为上下两个区域。接纳的标准不是对错，而是感受以及感受深处的需求。当我们看见孩子的行为，首先放下是非对错，在心里画下一条接纳线时，接纳就开始啦。忠实于自己当下的感受，让你感觉平和和愉悦的是可接纳行为，反之是不可接纳行为。不要让外在的规矩和规则条框限制了自己。

事儿姑娘逃课未遂事件中，事端开始于不收拾书包。虽然从孩子上小学第一天起，我们已经一起逐渐养成了她自己收拾的习惯。但是，那天她请我帮忙收拾。我就做了，没有顾虑太多，就是心平气和地做了。我不会因为这是个规矩而死守边界，我相信规矩都是为了满足人们的需求服务的。孩子这个时候需要我提供服务来表达爱，而我正好也愿意。

假如我们为了既定规矩而硬下心来，就是坚持要孩子自己收拾书包，这虚假的不接纳不仅会让孩子感到疏离、不被支持，也会让违心的自己在矛盾中摇摆折磨。

所以，接纳的第一条原则：跟着感觉走，放下评判，放空自己。这一点要做到不容易。通常我们遇事，大脑的第一反应是"应不应该"。这本没有错，只是当我们有了对错的判断，再想要去理解孩子的感受就会隔了一层思考的距离，会有预设、会有期待，无法全心去感受孩子的感觉。

女儿上大班时，早晨有时会叫我抱她上幼儿园。那会儿她已经快六岁，我个子不高，抱起她来她的两条长腿基本上就在我小腿那儿晃荡，确实有些费劲了。而且，我那会儿觉得孩子这么大了，还抱，别人会怎么看我这个当妈的，会不会觉得我娇纵孩子。经过小区岗亭，我觉得保安在默默摇头；碰见小朋友的家长，我觉得那些奶奶和姥姥们在心里嘀咕。当我抱着她，心里又想着这些对错的时候，孩子很敏锐地感觉到我的犹豫、怀抱的僵硬——那种隔着衣服的拒绝。于是她会变得更粘人，要求更多，甚至是过分的，想要证明妈妈还在爱她。而我也总是在心疼她与评判自己之间摇摆不定。两个人都在别扭，都很不舒服。

直到某一天早晨，她又让我抱她上幼儿园。那几天我上课，陪伴她较少，也很渴望跟她亲近。我很自然地抱起她，感受女儿在怀里的温暖，我跟她之间的联结，心贴着心。她给我的回应也很美妙。有你便是天堂，就是这种感觉吧。抱着走了两分钟，她让我放下她，然后我们手牵手过马路。

和女儿的那个拥抱，如今回想起来仍会感受到爱意的流动。原来接纳可以这样让人放松，享受爱的温暖和自由。原来，这是因为没有评判的束缚。

当然，放下评判，并不是放弃自己的观点。何时以及如何分享自己的想法，P.E.T. 里也自有章法，本文暂且按下。

从怀抱天堂回到接纳线现实。接纳线在中间，自然有上有下。老子说，"天下皆知美之为美，斯恶也"，有美自然有丑，有接纳才会有不接纳。看见自己的不接纳，不否认它，尊重它、面对它，这个过程本身其实也就是对自己的接纳。我们都是普通人，有不接纳的时候很正常，只是 P.E.T. 的方式更能让我们觉察与找到接纳的痛点。如果你的孩子因为成绩不好被嘲笑，对妈妈说我要杀了全班所有人。对于孩子的这种气话，你要当真也要不当真。需要当真的是孩子的愤怒情绪，孩子被逼的痛苦，孩子想要保护自己维护尊严的需要；不能当真的是孩子的这个想法或者说解决方案。如果我们实在无法接受孩子说出这样的话，到接纳线下了，我们需要挖掘自己的感受，找到那句话对自己的影响。

我们在工作坊中会发现，面对不接纳行为，有时候很难或者根本找不到对自己的影响。当我们找不到影响时，或许就该觉察一下，我的不接纳究竟来自哪里，会不会只是一种无意识的为难，会不会只是因为我们小时候就是被这样对待的，而我们现在也要这样对待我们的孩子。鲁迅先生说："从来如此，便对么？"扪心自问，或有所察。

在工作坊中我们还发现，挖掘出来的感受很多时候是"担心"。回想起来我的担心，大多是因为不信任——对自己、对孩子，也对我们身处的这个社会环境。

信任是什么？信任是相信而敢于托付。了解人或事的本质起因，并且对事态可能的走向不恐慌，有承担结果的把握。如果我们听到孩子气得说要杀人，立马联想到他以后真的去杀了人该怎么办。那可能是我们对孩子的本质缺乏信任，对我们身为父母的影响力缺乏信任。听微微辣老师说过，孩子就像种子，有扎根性和趋光性。人本主义的智慧也在于相信人的正面本质和价值。如果我们深信这点，可能会少些担心的焦虑。同时，我们还可以进一步学习了解孩子的成长规律。比如了解孩子的气质类型；观察孩子的反应强度、惯常表达方式、反应阈；了解敏感期，挖掘孩子的当下成长特质与需求；等等。

当我们对孩子的特性、对事情的起因有更多的了解时，我们会更相信事态的发展原来都是有规律的，这样我们就不会总是担心孩子以后会养成什么坏的习惯，而在一开始看见苗头不对就死死按住，自乱阵脚。P.E.T. 相信，没有孩子不乖这回事，而是因为孩子的行为背后有一个未被满足的需求。P.E.T. 解决冲突的方法，对需求与解决方法的界定，也会让我们有信心寻找有效的解决方案，实现自己作为家长的影响力。通过更多的认知学习与理解增强信任很重要，善待自己、发现并满足自己的需要是我们保持学习状态的根本。

人之常情，我们难过时接纳孩子的能力必然是要弱于我们高兴的时候的。如果我这一天讲课很顺利，晚上回家，看到孩子在房间玩，地上、床上、桌子上都是乐高、手工材料，我恐怕会一笑了之，不过就是一场收拾。如果我今天讲砸了，晚上回家，看到同样的场景，我估计会怒火中烧、烦躁不已。认识到自己的状态，及时给自己的情感账户里存钱，为接纳提供爱的力量，这是我们需要关照到自己的地方。P.E.T. 的核心理念之一也是帮助父母意识到，自己的需求也很重要，我们要为自己的需求负责。

想来不是巧合，我会发现，每当我参加 P.E.T. 的工作坊或者活动，甚至只是写写 P.E.T. 文章时，我的接纳线就会下降，可接纳区就会扩大。

8 月份联合教学的时候，一天晚上到家，孩子躺在床上喝水，也不好好喝，玩着玩着就把水洒了，床单一角湿了一大块。到睡觉时间了，我上了一天课又累又困，要是以往在这种情况下，我一定要怒了。可是那天却没有，我情绪出奇的平和，只是寻求帮助：要睡觉了，怎么办？女儿想了一会儿说："妈妈你也别麻烦用电吹风了，我有办法。我们横着睡，我个子小，躺在这边，你看，不会碰到湿的地方。"果然，那天就这样睡了，皆大欢喜。我为女儿的古怪点子惊喜，女儿也为她虽闯了祸却找到弥补方法而得意。有意地改善自己的环境，所谓"谈笑有鸿儒"，也是个滋养自己接纳线的好办法。

接纳很美，却好像很难。这么难的事情，为什么偏偏要我做。我对别人使用 P.E.T.，别人不对我用 P.E.T. 理念和技巧，怎么办？投之以桃，别人报我以石头。呜呼，奈何？放下哀怨，先想个简单的道理。关系中的两人，如果起了心结，双方都拽着不松手，想将对方往自己的方向拉，那这个结是解不开的。只有一方相对靠近，松一松，才有可能解开纠结。而纠结有时虽小，总也不解，层层叠叠就成了牵扯不清的圈圈绕。联想到前一阵刷屏的张靓颖母亲公开信反对女儿结婚的事情，还有这几天的校园霸凌事件，说到底，都是关系出了问题。亲子关系、同学关系、师生关系、家校关系，再大到社会关系，关系中的人有了错，通常都不只是一个人的问题，也不会是一天的问题。而我们能做的就是关注到每一个当下，关注那些细节行为背后的情绪与需求。而接纳是其中关键的一步。这需要关系中的人有所改变。而如果我在乎这段关系，我在满足自己爱的需求，我要为自己的需求负责，我就可以是那个先改变的人。关系中的两个人互动如同双人舞，先动的那个人是强者，带领改变的方向。

有一句话说：如果两人是背对背，先转身的那个就是天使。

而我们想要让孩子也掌握这种应对关系的能力，保护自己，不伤害别人，最好的办法是提供榜样的力量。

好吧，这就是接纳啦，你会爱上，你会深爱，就像当初我家的"没头脑"看见"不高兴"。

作者回顾

这是一篇沙龙文字稿，讲一个 P.E.T. 中非常多见的词——接纳。从我自身的实践体会，梳理接纳的概念、好处，探索如何实现以及为何坚持接纳。接纳，是门技术，更是种心态，让你更容易听到来自幸福源头的声音。

第四章
"我—信息"，
我的需求
这样说出口就对了

· 导　言 ·

· 透过 P.E.T.，我看到了你 ·

· 每个人都对关系负有 100% 的责任
——看 P.E.T. 如何帮我穿越亲密关系的幻灭阶段 ·

· 萍水相逢，我愿成为一道光 ·

· 开放自我，打开心灵的窗 ·

· 我的讲师梦 ·

导　言

在行为窗口的下半区，也就是——孩子虽不受干扰地满足了自己的需要，但这个行为却为父母满足本身的需求形成了干扰，这时父母处在了问题区。那么，父母如何有效地满足自身需求同样也非常重要。在P.E.T. 父母效能训练中，戈登博士告诉父母可以使用"我—信息"更有效而且更有建设性地维护自己的权益。

那到底什么是"我—信息"呢？

我们先不着急做这个名词解释，让我们想想，当孩子（他人）的行为对父母满足本身的需求形成了干扰的时候，我们都能做什么吧。其实无外乎三种情况：第一种，试着改变孩子的这种不可接纳的行为；第二种，改变我们自己；第三种情况是改变环境。P.E.T. 中的"我—信息"是在第一种情况"试着改变孩子给家长带来困扰的行为"中最为有效。多数父母受到困扰时，总是会习惯性地将"手"指向孩子，轻则先表扬、恭维、讲道理，然后再分析和说教一番；重则直接呵斥、命令、嘲笑，提出各种解决方案等。例如以下"父母惯用金句"：

> 你要再不走，妈妈就生气了。
>
> 看，这都几点了，还不练琴？
>
> 你这样做不礼貌
>
> ……

以上这些句子在我们前面第二章，谈到 12 种"绊脚石"时也出现过。没错，在这里，这些"金句"依然是"绊脚石"，与其说是给孩子扔了"绊脚石"，不如说是父母给了自己一些"绊脚石"。这种把问题指向他人的方式又有一种说法叫做"你—信息"，但任何人都不希望自己被莫名其妙地指责、嘲笑、命令等，所以，用"你—信息"很容易激发对方的情绪和对抗，从而加剧亲子之间的矛盾，同时这也无疑会缩小"无问题区"。

一个有效的"我—信息"分为三个部分：

1. 对不可接纳行为的描述。这个描述应是不带有任何想象的，就好像照相机和镜子一样，直接描述孩子的行为。不要贴任何标签。

2. 父母产生的感受。这也是一个非常重要的部分，因为在使用"你—信息"时，父母根本无须去辨别不可接纳行为到底引发了自己什么感受。而"我—信息"则需要父母仔细地识别自己的真实感受。这是非常不容易的事情，但这也是值得的，因为这让我们终于有机会去不断向内捕捉情绪产生的原因。

3. 对父母造成的具体影响（或者是结果）。仅仅只描述行为和表达感受还不足以达到使孩子改变他们正在做的（困扰父母的）事。他们需要知道为什么，这样孩子才能够完全明白自己的行为确实给父母带来了困扰，从而有可能去尝试改变。很多时候，孩子是很"通情达理"的，前提是父母要给孩子一个完整的"我—信息"。

不要期待每一个"我—信息"都能够奏效。朋友、伴侣在和你面对面沟通时，你也不是每一次都会做出改变。所以，如果"我—信息"失效了，不要气馁，试着再来一条，并且让它更强烈；当你发的"我—信息"引发了孩子的反抗时，要观察孩子的抗拒，并且使用积极倾听，然后再尝试继续使用"我—信息"，一定要告诉孩子为何他们给你带来了困扰，不是告诉他们要做什么、怎么做。给他们一个机会来帮助我们。

透过 P.E.T.，我看到了你

萧 飒

破茧成蝶

我的父亲很有才，琴棋书画样样精通，退休前在事业上也做得风生水起，这与他对完美的追求有很大关系。家中弟兄七个，他排行最小。小的时候家里很穷，吃了不少苦，他曾多次目睹他的母亲由于疏于规划生计而被他的奶奶训斥和打骂的场景。这一切，造就了父亲未雨绸缪、凡事向最坏的方向做打算的思维模式。这种价值观被原封不动地传递给了我。我有十三个堂哥，女孩在父亲的大家庭中是稀缺资源，所以当年我的出生是集万千宠爱于一身的，父亲为了我的降生大摆了三天三夜的流水席。爱越多，期待越高，加上我自幼体弱多病，我在"你爸爸为你操碎了心"这样沉重的爱中渐渐长大。

2008 年，我刚从新加坡国立大学毕业，为了追随在美国读书的老公，放弃了极好的工作机会和社会资源，到美国重新开始一切。时逢美国最严重的金融危机，我作为一个金融专业的毕业生，陪读签证，找寻人生的第一份工作，多般不易。一个月没有收到任何录取通知，父亲早已按捺不住。始终对我高期待的他怎能容忍他优秀的女儿一个月都没找到工作呢？然而，遇到这类事情，他从来不会直接跟我沟通，而是通过母亲、公婆、家里的七大姑八大姨，向我传递了千斤的压力。他不来亲自面对我，我连为自己申辩的机会都没有，蒙着头在小公寓的床上哭了五个小时。老公回家时，眼睛已经哭成桃子的我正穿好衣服准备到楼下的餐馆去刷盘子。现在想来，幸好老公拉住了我，不然也许我早就因为打黑工而被遣返回国了。可是当时，我一门心思要挣些钱向父亲证明自己，无他，只是因为，父亲满意，我才有权利对自己满意。

可是，由于父亲的完美主义和悲观的"土相性格"，我发现无论我怎么努力，永远都无法让他满意。他无法接纳我，我就无法接纳自己。我在无尽地取悦父亲和不断地否定自己中，纠结地活了30年。直到3年前……

在浩瀚的育儿书海中，我遇到《P.E.T.父母效能训练》。至此，我才知道，有一种东西，叫作"界线"；有一种接纳，叫作"自我接纳"。

初读P.E.T.，不免觉得有些枯燥。与市面上许多个案型的故事性育儿书籍不同，P.E.T.抛出来一堆理论和莫名其妙的词，加上一些基于外国文化的生硬案例，让我一度怀疑这本书真的有"大咖"们赞不绝口的那么好吗？抱着一丝怀疑和求证的态度，我参加了一期P.E.T.的读书会。在导师入木三分的引领和群友们生动的讨论中，我看到了P.E.T.枯燥外表下埋藏的金子。一个神奇的行为窗口，一条简简单单的接纳线，几种问题区，为我30年来的心坎照进了一丝阳光。我第一次察觉，原来我和父亲还处在婴幼儿与父母的共生关系中；原来他是他，我是我，我们真的是两个独立的个体；原来我可以和他不一样，可以不去满足他的期待，可以不去担负他的想法和情绪；原来我可以选择不要一头栽进他的问题区而不可自拔。30年来，第一次，我看到了我自己；第一次，我明白，父亲可以不接纳我，但我可以接纳我自己。

对，看到了我们之间的界线，我不再需要通过取悦父亲来证明自己的价值了。

3年的P.E.T.实践，在界线与自我接纳方面，我越来越清晰。上个月，表哥到北京找我，无意中谈起父亲跟他说起对我做全职妈妈的不满。父亲担心我没有工作，会被社会淘汰，我的家庭幸福会因此而受到影响。是的，和当初在美国找工作时一样，父亲又一次通过各方渠道给我施加压力。与之相反的是，我不再需要一个让我蒙头痛哭的被子了，我知道我在做什么，也知道自己想要什么，我更知道如何不让自己掉进父亲的情绪中去。相应的，由于全然接纳了自己，我也更能够接纳我的父亲。与之前怨恨他"为何不能看到我的好"相比，如今我看到的是他对我满满的关心。

　　这是 P.E.T. 教给我的——界线和接纳。

翩然起舞

　　我的母亲很貌美，年轻时的舞蹈功底给她带来了非凡的气质，如今已经六十岁了，从背后看还像二十多岁的姑娘一样。可她偏偏遇到我外婆这样的妈妈，对孩子的赞许永远埋在心底，说出口的都是指责和挑剔。所以，母亲从小在"你丑死了""太笨了""做事真马虎"的各种否定和挑剔下长大。所以，她有些自卑，时常不知道自己要什么，尤其是在她明明很出众的外貌上却极度不自信。最明显的表现应该是在逛街买衣服的时候了，那绝对是我们全家最痛苦的时刻：领子圆的不行、尖的也不行，脚遮太多的不行、遮不住脚的也不行，不显身材的不行、太显身材的也不行……可是问她自己要什么，她又一脸迷茫地说："我也不知道。"经常，本应美好的全家血拼时光，变成了我们每个人对她的狂轰滥炸，"这件真的很好看啊，你为什么就接受不了呢？""这个不算太时尚啊，完全能穿的出来，你这么好的身材，有什么不好意思穿的！""天啊，你这个也不行，那个也不行，那还出来逛什么。""真是崩溃，给你挑衣服，太！难！了！"每一次，她不是在我们强加于她的各种"建议"下买了让我们感到满意的衣服，回去后却不穿，就是完全没买到合适的衣服不欢而散。三番五次下来，一个标签被稳稳地贴在了她身上——你没有能力给自己选衣服。这个标签，一贴就是很多很多年。

　　我曾一度以为，我这辈子都不能陪母亲愉快地逛上一次街，买上一件我们两个都觉得挺好的衣服。那个时候，我试图去改变她，让她"变得"知道自己要什么，"变得"不要像我外婆一样挑剔，结果经常闹得两个人都无比心伤。直到后来，我在 P.E.T. 中学会了"相信每个人都有解决自己问题的能力"，学会了"面对价值观冲突时的 N 种解决技巧"，我才发现，世界还是那个世界，母亲还是那个母亲，可是我变了，一切就跟着都变了。

几个月前，母亲来北京找我。她说她很想在北京买条运动裤，我带她去逛街。这一次，我认真地闭上了嘴，不再像之前一样滔滔不绝地抛出各种建议，只是把我认为还不错的裤子一条条拿给她去试穿。当她否定和拒绝的时候，我不加评判，也不去指责，心平气和地陪她逛了一家又一家店，在她一遍又一遍地焦急和沮丧时静静地陪着她。我相信她，相信被她否定的裤子确实是不适合她的，相信她知道自己到底想要的是什么。我被自己的信任打动了，很想哭，对，只是为母亲买条裤子，我就哭了。因为，这么多年来，我发现我第一次看到了她，我的母亲，像一个爱美的小女孩，认真地寻找着最适合自己的那条纱裙。这种"看到"的感觉，让我感动不已。最终，她真的买到了两条无论是她还是我都感到非常满意的裤子，买回家后，连对着装非常挑剔的父亲都赞不绝口。她真的知道自己想要什么，是我们之前低估了她，急于把她改变成我们期待的样子。而任何缺乏理解和尊重、以改变对方为目的的相处，每一分钟都是互相折磨。

这是 P.E.T. 教给我的——信任和尊重。

直视骄阳

外婆今年高寿八十七。她勤劳、善良、热心、慷慨，每天拖着患严重风湿病的腿把家里打扫得一尘不染，为家人做饭洗衣。逢年过节包包子和粽子，如果包 100 个，其中的 90 个都会送给亲朋好友们。谁家有困难她都不求回报地热心帮助，自己却特别怕麻烦别人。在我看来，她简直是集中国劳动妇女的所有美德于一身。

耄耋之年，尤其是看到身边的老朋友们一个个相继离去，外婆时不时地会提起"不知哪一天就走了"这样的话题。每次她一开头，家里人就会像商量好了似的阻止她说"这么不吉利的话"，说她会长命百岁云云。这个时候，外婆就会自动打住，一个字都不说了。当初我并没有发现，我们对死亡的矢口拒绝，并不能为外婆带来任何正面的力量。

两个月前，外婆独自下楼时摔了一跤。刚摔倒时，她强撑着还能站起来，由于担心麻烦我们，也害怕家里人责怪她，她忍着没有告诉任何人，自己回家热敷涂药处理了一番。到了晚上，伤势严重得让她卧床不起了，不得不把实情告诉了我的母亲。父亲一如既往地皱起了眉头，母亲开始循循善诱："早说了让你拄根拐杖，你就是不听。"老人摔倒，全家人都很紧张，关心和担心都变成了压力，不经意地传递给了外婆。外婆越来越内疚了，以至于我给她打电话时，她拿起电话的第一句是："小乖乖，我没事啊，不要担心我。"（之前的我听到这句话的第一反应大概是："怎么能没事啊，你摔得那么厉害，我肯定会担心你的啊。"好在我学过 P.E.T.，知道这个时候需要管住自己的嘴巴，体会外婆的感受，"积极倾听"）

"外婆，你很怕我们为你操心哦。"

"是啊，你看看，你看看，我摔一下啊，你爸爸妈妈抬着我去医院，跑了好几趟，花了好多钱啊。"

（之前我会说："没事啊外婆，你千万别怕他们麻烦，他们是儿女，这是他们应该做的。你也别怕花钱，钱重要还是人重要啊？"）

"你看到我爸我妈因为你摔着忙来忙去的，还花钱，可内疚了哦。"

"可不是嘛,你看看我老了不中用啊,我都不知道怎么回事,一脚没踩好就摔着了。怎么就摔着了呢!"

(之前我会说:"老人家腿脚不好摔倒了很正常啊,你别自责了。")

"就是哦,外婆,不知道怎么就摔着了,也就是一脚的事儿,你也没想到会这样,特别沮丧吧。"

"是啊,不中用啊,不知道什么时候就没了。"

(之前我会说:"你说什么呢,外婆,瞎想啊,你就是摔了一跤而已,你这么好的人,会长命百岁的。")

"外婆,你想起来你年纪大了,有一天可能会离开我们,心里不是滋味呢。"

......

就这样,与之前一个电话围绕着"担心和不担心"浅浅地说上三分钟就挂了不同,这次外婆跟我说了很多很多,她的内疚、她的焦虑、她的恐惧……我慢慢地倾听着她,感受她的情绪一点点流淌出来,看到她越来越接受自己摔倒的现实。母亲说,外婆挂了电话后,许久没有胃口的她突然告诉妈妈,她饿了。

这是 P.E.T. 教给我的——共情和倾听。

明眸闪耀

2013 年夏天,儿子的降临完整了我的生命。正如每一个母亲一样,我视他如珍宝,想把生命中最好的都给他,这其中当然包括母乳。抱着对母乳喂养的一万分信念,连奶粉都没有准备的我万万没有想到,月子里由于产后晚期大出血的一场手术,让我的儿子彻底断了口粮。然后,我走上了艰苦卓绝的"追奶"之路。也许是由于产后抑郁，也许是由于对母乳太过执着，又或是因为价值观不同，我和公婆之间发生了极大的冲突。我把我的不满通过电话全都倒给了远在北京的老公，老公又把我的不满通过电话转述给跟我同一屋檐下的公婆。几个回合下来，我和公婆之间终于不可收拾地爆发了"战争"。一顿互相攻击后，我们双方都怒不可遏。虽然第二天，我还貌似懂事不计前嫌地叫着"爸"和"妈"，可我心里的小火焰熊熊燃烧着，我默默发誓，等我出了月子回到北京，这辈子都不让他们见到孙子。

后来，时间这个天然的疗愈师，让我对那件咬牙切齿的事渐渐不太在乎了。但我与公婆之间，好像始终隔着些什么。我始终觉得我是个"外人"，也很难把他们当作自己的家人。就算看到他们很辛苦，不自觉地感到很心疼的时候，我的大脑也在告诉我：他们深深地伤害过我，我不应该心疼他们。每次回老家，看到他们与我不一致的带孩子理念，我要么就忍住不说，要么就是用指责和不屑的口气来表达自己的不满。

再后来，我在自我成长的道路上学会了接纳和尊重。在 P.E.T. 的学习中，我看到自己对他们是"虚假的不接纳"，发现自己对他们的态度无论是赞成还是反对，我都没能"内外一致地表达"。看到，是改变的第一步。之后，就有了下面的故事。

一次，我独自带着儿子回老家，在公婆家住了三周。其间，我忙于课程、忙于考试，忙得每天一大早出门，天黑了才回家。公公婆婆轮流请假帮我带孩子，每天把饭菜准备好等我回家吃。三个星期，自始至终，他们没有一句抱怨，始终配合着我的需要。他们的支持使我的课程和备考进行得非常顺利，我特别想跟他们说声谢谢，可不知为何却一直说不出口。直到坐上返京的车子的那一刻，我摇开车窗，看到窗外站着的他们，脸上深深的皱纹和略显老态的身姿让我为之一颤，我鼓起勇气，对他们说："爸，妈，你们辛苦了。这段时间多亏你们帮我带孩子。如果不是你们的支持，我的考试都不知道该怎么办好。谢谢你们，我爱你们。"

这是我第一次对公婆真诚地发送 P.E.T. 中学到的"表白性我—信息",说完,我感到自己两颊发烫,小心脏扑通扑通跳个不停。可我分明看到,在公婆沧桑的眼睛里,闪烁着孩童一般明亮的光芒。

至此之后,我的表白性"我—信息"发得就更加"肆无忌惮"了。不仅如此,连对他们不满的地方也不需要压着不说或者通过老公转述了,我学会了发送面质性"我—信息",用不指责对方的方式来表达自己的真实意愿。我们的沟通越来越顺畅。我发现他们好可爱,同时,我知道他们也看到了我的可爱。就这样,我不再是那个"外人"了,我们是真正的父母和孩子,我们是一家人。

这是 P.E.T. 教给我的——内外一致的表达。

作者自评

哲学家周国平说:

> 父母和孩子的联系,在生物意义上是血缘,在宗教的意义上是灵魂的约会。在超越时空的那个世界里,这一个男人、这一个女人、这一个孩子原本都是灵魂,无所谓夫妻和亲子,却仿佛一直在相互寻找,相约了来到这个时空的世界,在一个短暂的时间里组成了一个亲密的家,然后又将必不可免地彼此失散。每念及此,我心中充满敬畏、感动和忧伤,倍感亲情的珍贵。

我与我的家人们,都深爱着彼此,却因为沟通不畅而让这场"灵魂的约会"变成了难以承受之重。十几年来,我在不自知的"无明"中走了太远。如今,终于有机会在父母的晚年去真切地理解他们、了解他们,并在有生之年可以用正确的方式来报答养育之恩。其实,与其说是对恩情的报答,不如说更是对自我的救赎。看到了内心的尘土,虽然还做不到"本来无一物",但起码可以"时时勤拂拭"。我知道这条路还很长,然而,透过 P.E.T.,至少我看到了他们,也看到了自己。

萧飒

- P.E.T. 父母效能训练讲师
- 中国科学院心理研究所儿童早期教育指导师
- 美国畅销书《如何应对校园欺凌》译者
- 赤童家儿童心理专家
- 大连秘密花园瑞吉欧幼儿园顾问

既有"道",又有"术",P.E.T. 不仅适用于培育良好的亲子关系,更适用于任何人与人之间的关系培养。在新加坡国立大学的求学时光和之后赴美多年的工作经历,加上数年与学习障碍和精神障碍儿童相伴的岁月,使我目睹过中外各式各样的家庭所呈现的各式各样的育儿方式。感受过东西方教育和文化的碰撞,更让我确信,P.E.T. 就是最能够帮助到我,帮助到千万父母和孩子的最好的礼物。我期待着,孩子在步入青春期后,依然能够常常敲响我的房门,跟我说:"妈,我想跟你聊聊天。"

每个人都对关系负有100%的责任
——看 P.E.T. 如何帮我穿越亲密关系的幻灭阶段

吴海静

> 你的亲密关系伴侣，是来帮助你更加认识自己，进而疗愈你
> 的创伤，最终找回真正的自己，因此，亲密关系是通往我们灵魂
> 的桥梁。
>
> ——克里斯多福·孟《亲密关系》

克里斯多福把亲密关系的进程分为以下几个阶段：月晕（意指绚丽的假象）、幻灭、内省和启示。在恋爱或者婚姻的初期，我们都坚定不移地认定自己遇到了人生中的 "Mr./Mrs. Right"（月晕期），可是就是曾经爱得死去活来的两个人在某一天会吵得形同路人／仇人，并在心中不止一次地怀疑眼前这个人还是当初认识的那个人吗（幻灭期）。

我自己也是如此，通过个人体验，我发现我的亲密关系并不如我所一直以为的那么好。

我和淘爸的感情基础深厚，之前这一直是我引以为傲的地方。然而，个人体验时通过深挖自己的观点、行为和感受，我发现其实之前呈现的很大部分是我假想的美好。我们还是很相爱，这个没错，只是这份爱没有通过适当表达的方式在我们之间流动起来。我更多地受潜意识控制在做自我牺牲，而他也逐渐被我喂养成了惯于索取。他工作繁忙，我无意识地几乎把一切家庭需求都让位于他的工作。只是我一直以为自己的"让位"是有意识的选择，我以为"我不需要支持"。

不记得是在做第几次个人体验的时候，因咨询师的解释，"长期以来我都不被支持"这样的念头第一次跳入我的脑海，于是吸引力法则就开始

起作用了。我对"不被支持"这个念头的聚焦，让我在生活中发掘出越来越多的不被支持的证据。

譬如，孩子两岁以前，淘爸很少抱孩子，因为他一抱孩子就哭，他舍不得孩子哭，所以只能让我在肩膀酸痛的情况下坚持。譬如，哺乳期我因乳腺炎发高烧，晚上孩子一小时一醒，也是我自己抱、自己哄，因为淘爸困得醒不过来。譬如，孩子生病，他上班，大冬天里我一个人穿着厚羽绒抱着穿成球的淘上上下下跑医院的楼梯。譬如，孩子上什么样的幼儿园、以后上什么样的小学，我希望他给一些意见，他却说不了两句，然后一拖再拖。譬如，我每次报各种心理学的班，跟他商量时，他都会追问各种信息，而不是给予我全然的信任和支持……在他两年多的创业时光里，我们每周最多一起吃一顿晚饭，他从来不休年假，国家法定节假日通常还无法全休……

尽管如此，过往我一直有一种印象，亲密关系是我所最为信赖的关系，不管我在家庭以外的关系世界中有何种受挫体验，只要回到家我就会安心，因为淘爸总能给予我关怀、接纳和鼓励。这种印象一直支撑着我坚定地走着全职妈妈之路。

而我现在发现，这个印象其实是幻象。原来，辞职以后这三年，我们更多的是单打独斗，他独拼事业，我独拼我自己和孩子的未来。这样的发现使我犹如无根的种子在风中飘摇，无处安身。信任一经丧失就很难快速重建，有一段时间，我不愿意再跟他开口倾诉。

我之所以学习心理学，是为了使关系走向更明亮的美好，可现在我自己的亲密关系却走入了从未有过的黑暗谷底，这是我体验到的最大的无能。

甚至，我一度丧失了对P.E.T.的信任，因为我觉得我无法运用P.E.T.来改善我们的亲密关系。可是，成为P.E.T.讲师是我最近大半年一直在努力的一个事业方向。当一个人对自己努力的目标产生怀疑的时候，他该如何安放自己已经付出的那些努力呢?!他又会产生多大的绝望!

在一次咨询之后，我终于痛苦到不能自已，找淘爸进行了一次深度沟通。我不知道流了多少眼泪，坦承这段时间我的苦闷，我那些不被体贴关怀、不被信任支持、被忽视、孤军奋战的感觉。

原来，我以为自己足够坚强，却没想到我内心里最缺乏的就是被呵护、被重视、被无条件支持。这些需求都被表面的刚强所掩盖而陷入沉睡之中，却终于在我心力耗竭时被咨询师所唤醒。

淘爸听完我的话，也陷入沮丧当中，他不知道为何我会有这样的感觉，他一直以为我们是相互支持的，他是值得我依赖的。再往下谈时，他觉得对于孩子的事情，他太过依赖于我，仰赖于我育儿方面的"权威"，以至无意识地不会积极主动；对于我的个人追求，他觉得我放弃原来的工作回归家庭已经做出很大牺牲，所以现在我不管做什么他都会非常支持，只是不知为何会在当下追问很多信息，让我有不被支持的感觉。

在整个深谈的过程中，我们都很理智，没有吵架，可是之后，我们之间那种阴阴郁郁的气氛并没有消散，我还是非常绝望，因为无可更改的过往，以及不可期许的未来。我觉得他的工作短期之内还是会非常繁忙，这个家庭的时间分配也不可能有本质的改变，所以我的那些需求没有被满足的希望。

直到有一天，他突然跟我说，他把每周日的例会更改成了每月一次，以后还会在工作日时间至少抽出一天回家吃晚饭。我不太敢相信，而他已经真正开始执行。

在 P.E.T. 督导班结束那天，同学们都有非常多的感触，相互拥抱流泪，分享 P.E.T. 给他们的生活带来的改变。我也顿悟，在我情绪起伏的这一个多月里，尽管我感到非常痛苦甚至绝望，我在跟淘爸沟通时却没有任何的抱怨和指责，我只是去内省，去把注意力放到了自己的身上，去跟他诉说我的感受和我的需求。而基于内省的表达正是 P.E.T. 的沟通方式。

当我不再以指责的方式虚张声势时，当我在无意识情况下就会运用

"我一信息"去袒露自己的无力和无助时，淘爸也不再运用他的超理智防御，而是开始反思这些年来我们生活的原貌，我们本该追求的生活的本质。

8月初，在P.E.T.联合教学期间，淘爸每晚早回，承担起了孩子的陪玩和哄睡任务，等孩子入睡后再陪我演练。这些都不是我强求的，而是因为我的自我坦诚，让他主动选择了自我调整。

存在即选择，选择即自由。当我们更多地关注到自己内心真正的感受和需求时，我们就不再受潜意识所控制，我们自动地放下了过往的指责、超理智或者其他的不良沟通模式，而是选择了一致性沟通。因为一致性沟通，我们也才有机会去做出有意识的选择，进而不会被付出感所束缚，并享有真正的自由。

以前总觉得P.E.T.的"积极倾听"和"我一信息"技巧只是外在的与人沟通的方式，现在越学越觉得P.E.T.其实是内在觉察的工具。戈登博士所提出的"事实＋感受"的积极倾听句式以及"行为＋感受＋影响"的面质性"我一信息"句式正是教会我们去把注意力放到沟通双方的感受和需求上，而不是放在对方行为的是非对错上。

不管是面对孩子还是面对配偶和其他家人，当我们把注意力放在对方行为的对错上时，我们就已经把自己放到了权威"法官"的位置上。可是我们每个人都是独立的个体，我们希望在沟通中拥有跟对方一样的人格地位，希望被尊重而不是被评判，这是人生而为人的本能需求。所以当对方指责、命令或者威胁我们时，我们本能地会奋起防御以维护自己的尊严，这时候矛盾就会升级。

而当我们把注意力放在感受和需求上时，我们直抵的是自己内心的脆弱和无能，这份脆弱和无能会激发起对方的保护欲望，从心生发出力量去抱持我们。

当然，从沟通的"外功"向觉察的"内功"的转化需要不断的练习和时间的积累。

作者自评

亲密关系中的牺牲与放纵是钟摆的两端,适用于二人关系,也适用于自己。正是一方的牺牲滋养了另一方的放纵。任何关系出现问题,关系的双方都需要为问题负 100% 的责任。P.E.T. 带给我的觉察内功让我看到了自己的责任,而一致性的表达让对方也承担起了自己的责任。

吴海静

• P.E.T. 父母效能训练讲师
• 中国科学院心理研究所儿童发展与教育心理学硕士
• 长期接受精神分析取向个人体验和咨询技能训练

荣格说,人生前 40 年都是在过别人的人生,而一旦能跟自我联结,那么我们就可以过自己的人生。还有一句话说"有关系,就什么都没有关系;没有关系,就什么都有关系"。

我的全职妈妈之路,也是我的自我联结之路,经由联结自我,转而联结他人;经由联结从各种关系中体验情感的美好。

P.E.T. 就是很好的联结工具。

萍水相逢，我愿成为一道光

颜 言

2013 年，我参加了 P.E.T. 父母效能训练课程。

虽是萍水相逢，这次课程却真正改变和帮助了我。让我在孩子"发脾气"的时候有能力以接纳的态度听听孩子怎么说，也让我在遇到想冲孩子"发脾气"的时候以"正确的姿势"真实地表达自我。

三天的课程是连续的。在那之前，我从未离开孩子超过一整天。所以，当我第二天晚上回家的时候，即使陪孩子玩了很久，他仍然不肯睡觉，我抱着他哄他睡，他却一直哭。想起 P.E.T. 课程上，安心老师说过，当孩子情绪高涨的时候，"积极倾听"可以帮助孩子平复情绪。于是我说："宝贝现在还不想睡觉。"他"嗯"了一声，虽然还哭，但是声音小了很多。我说，你有两天没有看到妈妈了，想妈妈了，不想这么早睡觉。他一边点头，一边说"嗯，嗯"却又哭得更大声音了，鼻涕也流了出来。我抱着他给他擦鼻涕，给他拍背，以免他呛到气管引发咳嗽。他趴在我背上，哭了一小会儿，自己止住了哭声。然后，他用胳膊紧紧搂住我的脖子，还在我脸上亲了一口，说："爱妈妈。"之后，他就平静地睡着了。

那是我第一次如此轻松地应对发脾气不肯睡觉的孩子。当时我心中一阵窃喜：这个课的钱没有白花！

那时，我的儿子一岁八个月。如今，我已经是两个孩子的妈妈了。儿子已经五岁，女儿一岁八个月了。这几年在家里，我用 P.E.T. 的沟通方式陪伴孩子们长大。我坦诚地和孩子们分享我的感受、想法和意见。当孩子的行为是让我感到高兴和愉悦的时候，及时肯定这些行为并向孩子们分享我当时的感受。经常向孩子们表达爱，和孩子们一起制定需要共同遵守的规则。

当孩子确信他在你身边是安全的，他的情绪你看得到、读得懂，你允许并鼓励他把这些困扰他的情绪表达出来，他会把这些看作你对他深深的爱，并会以他的方式向你表达爱。

记得儿子两岁多的时候，有一天，他对我说："妈妈，我想要一个小妹妹。"我确认他是认真的，他并不担心多一个妹妹会夺走爸爸妈妈对他的爱。他给当时还在我肚子里的妹妹起了名字，经常和我讨论妹妹出生以后他可以为妹妹做些什么，带妹妹去哪里玩儿。

他是那么坚定地想有一个妹妹，以至于产前我有一段时间很焦虑，万一生出来的不是妹妹怎么办?!这个又不能随便就退货说不要啊！于是某一天当我们再次说到肚子里的"妹妹"的时候，我说："你真的特别想要一个妹妹。"他说："是啊，妹妹在妈妈肚子里。"我说："所以你非常确定妈妈肚子里的是妹妹而不是弟弟。"他说："是啊，我确定是妹妹。"我看着他那么坚定的眼神，不得不接着说："妈妈也非常喜欢妹妹。但是妈妈真的不确定一定会是妹妹。也许，嗯，有可能会是弟弟。如果是弟弟的话，我担心你会失望。"他想了一下，说："我不会失望的，妈妈。真的是个妹妹。"然后他就笑了，眼睛亮亮的，搂着我脖子说："妈妈抱抱。"

万幸真的是个妹妹！小孩子的直觉还真是准呢。出院后带着妹妹回到家的第一天，妹妹睡在大床上我的旁边。我的另一边是哥哥的小床。第二个晚上，当我要把睡着的妹妹放到大床上时，儿子问我："妈妈，为什么你不让妹妹睡在小床里呢？"我说："因为小床是你的啊。"他说："我不要睡小床了，我要让给妹妹睡！"他说的那么笃定，连爸爸都忍不住惊呼了。爸爸说："让给妹妹的话，我怕你以后会后悔。而妹妹睡习惯了，可能就不愿意再和你换回来呢。"儿子说："我不会后悔的，我就要给妹妹睡。"就是从那天起，妹妹睡在了哥哥睡过的小床上，一直到现在。

女儿出生以后，儿子每天晚上从幼儿园放学回到家，第一件事是问："我的妹妹呢？"听到妹妹哭了，马上来向我报告："妈妈，妹妹哭了，你快去给她喂奶吃啊，你给她喂奶她就不哭了。"很多这样细微的感动，因为我没有及时记录，都渐渐遗忘了。我没有及时记录，也是因为，这样细微的感动每天都在我的家里发生着……

在遇到 P.E.T. 之前，我总是想成为一个"完美妈妈"，给孩子最好的，给孩子全部的"爱"。在照顾孩子的时候，我总是忽略自己的需求或者压抑自己的需求，常常把自己搞到精疲力竭，累到极致又觉得孩子不懂得体贴妈妈，很受伤。

而 P.E.T. 鼓励父母们表达自己的需求，并认为虽然孩子的需求重要，但父母的需求同样重要。如果父母在有情绪的时候能够"有效"表达出来并传达给孩子，很多时候，孩子会停止或改变他当下的那个行为。而"有效"指的是以"非责备的行为描述"告诉孩子，他的行为给父母带来了什么"具体明确的影响"，父母又有着怎样不舒服的感受。

"我看到客厅摆满了你的乐高积木，我没有地方走路了，我很担心我踩到积木上会硌到脚，那一定很痛！"

"知道了，妈妈。"儿子清理了客厅里散落的积木。

"你在沙发上吃饼干，我需要花更多的时间清理沙发上的饼干渣。而我工作一天很累了，晚上我想早点休息。"

"好吧，妈妈，我去餐桌上吃可以吧。"儿子带妹妹一起去餐桌吃饼干。

"儿子，你已经花了十分钟还没有穿好鞋子。我好着急啊！我担心送你去幼儿园之后我去上课会迟到，那样我会错过一部分内容听不到老师的讲解了。"

"好吧，我加快速度，妈妈。"儿子很快穿好了鞋子。

还记得去年夏天的一个晚上，妹妹先睡了。我和儿子相拥在床上，他假装央求我给讲讲他小时候的事儿，我便讲了"我从彩虹那边来"的故事。

从前，有一群生活在天堂里面的小天使，他们十分羡慕人间，经常拨开云雾望向人间。

有一天，一个小天使问另外一个年老的天使："我要怎样才能够到人间去？"年老的天使回答说："等你准备好了的时候就可以去了。"

后来又过了很久，小天使做了一个梦。在梦里，他梦到自己变成了一个小宝宝。有一个男人和一个女人在看着他笑，对着他温柔地说话。小天使刚刚想说话，就从梦里醒过来了。

他把这个梦告诉给了年老的天使。年老的天使对他说："看起来你已经准备好了。等到彩虹出现的时候，你就可以沿着彩虹桥到人间去了。"

小天使就开始盼着下雨，终于有一天，一道彩虹出现，从天上一直延伸到了人间。于是小天使就告别了其他天使，从彩虹的一端走过去，来到了人间。

然后，我们就相遇了。小天使就变成了妈妈的小宝宝。

他像是听入了迷。我的故事讲完了，他也好久不说话，眼睛却是亮亮的。我便问他，你还记不记得，你刚刚来到妈妈身边的时候，看见的是什么呀？我虽是无意问的，然而他的回答却让我很是感动。他说："我看见了一道光。"

谢谢你，孩子！谢谢你们来到我身边。

我愿成为这道光。

作者自评

虽然每天我们也是有着各种各样的冲突和摩擦，但我们彼此的关系却并未因为这些而变得很差，P.E.T. 的沟通方式反而让我和孩子们都能很轻松地应对这些冲突。孩子没有感觉受到贬损或指责，那些我不能够接纳的行为都有了有益的变化，随着他年龄的长大，他也越来越独立和愿意承担起更多的责任了。

颜言

- P.E.T. 父母效能训练讲师
- 美国心脏协会（AHA）认证急救员
- 在路上的无条件养育践行者
- 科普爱好者

儿子出生以后，我遇到了很多挑战。自从 P.E.T. 父母效能训练课程结业之后，做妈妈越发自信轻松。如今我的小女儿也已经快两岁了，他们兄妹情深，我很欣慰。

开放自我，打开心灵的窗

王晓竹

当下是一个复杂且多变的时代，现实的压力总是使我们的内心充满了焦虑、烦躁、愤怒、失落、紧张和恐惧，我们的内心每天都在上演着一些喜怒哀乐的故事。而对于一个害羞的人来说，让她在别人面前谈论自己，始终不是一件容易的事情，所以当我坐在电脑前开始想要写这篇文章的时候，我长久地思考着这篇文章应该如何下笔，该写些什么？七天的父母效能课程给了我太多的感触，情绪千丝万缕，怎么才能抓住那条真正撼动我内心的琴弦呢？

我踌躇良久，在我下笔的时候，事情似乎就明朗了许多：谈论自己，毫不畏惧地展示自己、接受自己、敞开心扉就是我写此篇文章的意义所在。现在，我就试着敞开心扉，来跟大家聊一聊。

从我记事时起，我就是一个很害羞的人，虽然没有害羞到无法社交或者无法参加集体活动的地步，但总归是能被别人察觉到我的害羞的。一旦需要发表自己的意见，或者和初次见面的人谈话时，那种害羞就会让我惊慌失措。就比如在第一堂课时，讲师要求我们找一个搭档来做活动，我下意识里就想要找一位在课程开始前"搭过讪"的同学来完成。当讲师提出新的要求，要求我们寻找一位最陌生的同学来做搭档时，我的内心是回避抵触的：应该如何去交谈？第一句话应该要说什么？如何去缓和第一次接触的尴尬？这对我来说真的是挺难的。之后讲师给了需要讨论的话题，我发现结束时我们还意犹未尽。第一天的课程中，有很多机会需要与不同的新同学合作。当七天的讲师课程结束时，我已经完全与课堂上的每个人都有了合作。在与不同的同学交流时，我有了不同的收获，也加深了彼此的认识。我突然意识到有什么东西影响了我。

当静下心思考时，我追本溯源，一个想法慢慢在头脑中变得清晰。我发现我的内心和最初的逃避心理是完全不同的，我发现回避更会增加恐惧，不如按照自己的节奏，放开自我，尽量增加自己与陌生人的沟通时间，在相互了解间，克服自己的问题，也反作用于对方，从而有效地提高社交能力。讲师培训中有一项活动，就是要结成小组，给小组的人像讲师一样讲解 P.E.T 的章节。我讲到的内容是开放自我。这仿佛是一个巧合，我发现影响我的正是这个我当时还无法生动讲述的内容。简单的四个字，想让别人感同身受却不容易。P.E.T 虽然是一个讲如何让父母与孩子更好交流沟通的课程，但其中的道理同样也适用于我们生活中的各种交流。

要开放自我，首先要接纳真实的自我。在我被迫与不同的人合作时，我不得不放下一些心理包袱。同学怎么看我，会不会觉得我不好，能不能接纳我，这些都像萦绕在我心中挥之不去的乌云。当我深入地学习 P.E.T 课程，不断地跟新同学交流，从陌生变得熟识时，我心中的太阳慢慢从乌云中显现，我感到了前所未有的轻松与自信。我突然意识到，接纳自己的不完美，展示真实的自己，才能毫无顾虑地与人交往。每个人都有自己的缺点，我们正是因为缺点而美丽。完美本身就是一种压力。

而且与他人建立界限感也很重要。不要妄加揣测别人的思想，也不要把错误的想法和感受揽到自己身上。我总在担心别人觉得我不够好，我怎样才能让别人满意，而忽略了自己的感受，忘了做最好的自己。就像孩子受了欺负，我们总在想我们能做点什么，怎么帮助孩子能让他心里舒服一点，我们像犯了错误的小孩，比孩子还着急生气。但其实我们忘了这原本是孩子的事情，需要他自己面对。我们只需要让孩子感受到我们的理解与接纳，让孩子知道我们随时愿意提供他需要的帮助就可以了。着急生气只会让我们陷入问题，给孩子不可靠的感觉。所以只要做好自己，真心与人交往，好坏就留给别人去说吧。

主观评价往往也会成为阻碍我们开放自我的因素。培训期间，有一个男同学给我的第一印象是有些像老师一样威严，不易亲近。我起初有意避开，但到了培训的最后一天，我主动找到他做课程活动，并在课间与他进行了交谈，向他表述了我的看法。他不但很乐于听到别人说对他的印象，而且说了一些自己的事情，让我对他的印象有了很大的改观。事实证明，对人的第一印象或是主观评价往往误导了我们。就像我们亲爱的讲师 Steve 爷爷在课堂上举过的一个很有趣的例子。你初次遇到一个人，会给他贴上很多标签，比如觉得他严肃、不善言辞、不懂礼貌。之后你就会发现，他真的就像你想的一样，你会发现他很少说话，见面不跟人打招呼等，以此来证实自己的观点是正确的。这就是所谓的证实偏差，我们容易注意那些能够证实我们想法的证据，而忽略与之矛盾的证据。我们带着主观偏见与人交往，就会影响我们的感受与想法。

当然，开放自我还需要一个安全温馨的环境。P.E.T 的课堂正是为我们提供了一个理想的场所。这里的每个人都熟悉 P.E.T 最基本的技巧，愿意进行理解性的倾听与有效能的沟通。在与同学的沟通中，我可以感受到我的任何观点、情绪都是被接纳的。我可以畅所欲言，我们也可以真实平等地交流不同观点。这正是现在工作中乃至家庭里都缺少的和谐与信任。

再谈到沟通方式的问题，一些习以为常的交流方式在我们的交往中立起了一道道高墙。开放自我也需要诚恳有效的沟通方式。有一天，我给老公打电话。用我最习惯的方式，通常是这样的：

"你在哪儿呢？"

"我在公司。"

"你能早点下班吗？"

"不能，我还有事。"

"哦，那没事了。"或者"你就不能早点下班。"

"我公司有事，我在上班呢。"

挂了电话，我心里很不舒服，我想你怎么这么没默契，一点都不了解我，我不是就想跟你待会儿吗？那天，我突然意识到我的问题是：我根本没有说明我的需求。我就马上改口说："老公，我这几天一直上课，没有时间跟你单独待会儿，而且上课有了很多新的想法和心得想跟你分享一下，你现在能早点出来吗？咱们可以一起回家。"我老公很爽快地就答应了，说安排一下工作就出来。即使他仍然因为工作很忙不能出来，他知道了我的需求，也可以更迅速地找时间或其他方式来满足我，而不会一头雾水、不知所措了。

在 P.E.T 中，开放自我要用"我—信息"的方式向别人传达我的感受，而不是带有评判或指责性的"你—信息"。就像有一天我老公给我按摩扭伤的脚，我疼得叫了一声，我两岁的女儿立刻过来抱住我，她没有说像我们经常会对孩子说的那些"不怕""没事"或者"要坚强"，而是对我说"妈妈我在呢，我陪着你呢，以后我给你轻轻揉脚"。一句表白性的"我—信息"向我传达了她满满的爱与支持，我的心顿时被融化了。我们都忘了像孩子一样表达我们内心最真挚的情感，因为我们有太多的顾虑。我们不了解陌生人，甚至熟人的想法，怕一旦开放真实的自我就会受到攻击、批判或冷落。我们用一层一层的铠甲把自己最真实的内心包裹起来，让别人看不见也摸不透，好像这样就是对自己最好的保护。但在这个过程中，产生了很多不必要的误会与摩擦，我们甚至很难发现我们心里最根本的那份需求和冲动了。

荣格说过："心灵的探讨必将成为一门重要的学问，因为人类最大的敌人不是灾荒、饥饿、贫困和战争，而是我们自身的心灵。"每个人都有一些需要打开的"心结"，多像呵护孩子一般呵护我们的心灵，给自己多一点儿时间和空间，再多一点儿耐心，放开自我，用正确的心态去认识自我，提高自己的心理素质，才能有效地利用自身的优势和别人进行沟通，找回内心的正能量，并为别人提供切实有效的参考和解决方案。如果每个人都可以做真实的自己，那么我们将可以卸下心里所有的包袱，坦坦荡荡、轻轻松松地与身边的每一个人交往。以坦率、诚实和界限清晰的方式相处——我的自我感觉很好，且他人也更容易对我坦诚相见。

 作者自评

放开自我，敞开心扉，才能走进他人的内心世界，幸福是一种可以学习的能力。P.E.T. 让我们重新认识自己、认识孩子，也认识身边的每一个人。接纳从感谢自己的不完美开始。

王晓竹

• 二级公共营养师
• 中国科学院心理研究所儿童发展与教育心理学在读研究生

伴随着孩子点滴的成长，我享受了欢乐、兴奋与激动，但是焦躁、彷徨和手足无措也随之而来。如何对待这些困境，直接决定了身为父母的我们是否能教导孩子快乐幸福地生活。P.E.T 在我困惑的时候，为我打开了一扇窗。让我"成为孩子朋友"的心愿不再是一句空话。我不断地学习探索，我深信需要在不同时期进行自我调整，才能走进孩子的内心世界，解读成长的烦恼。

我的讲师梦

唐文渊

我曾梦想过自己有一天会走进课堂，并成为一名教师。

工作后，知道我这个梦想的朋友好心告诉我："没关系，你就当下面坐着一群白菜，不用怕。"可是不管用，因为我总觉得下面坐着的那群白菜个个张牙舞爪，露出嘲笑和不屑的目光。再后来，教师的梦我也不怎么做了，因为有了孩子，做了全职妈妈，每天忙得四脚朝天，梦里都是育儿，都是如何育好儿。

当然，有孩子之前，我一直在学习心理学，除了想要克服当众发言的障碍外，我也确实是喜欢。我学习过很多课程，也读了很多育儿的书籍，自以为养一个孩子不过是信手拈来的事。可是，真正有了孩子以后，我才发现，当理论遇见"屎、奶、涕、尿布"，一切都乱了套。

很多人说，当你遇到生命中一项重大事件，比如破产、大病、车祸等，可能都是你重获新生的机会。但对我来说，有了孩子，第一次做母亲，已然让我重获了一次新生。在茫茫育儿道路中摸索着前行，磕磕绊绊地把理论运用于实践。有痛，有泪，有成长后的喜悦，更有初为人母的迷茫。

机缘巧合，一次闲逛书店时无意中发现了《P.E.T. 父母效能训练》一书，之前一直在微信群听到有妈妈们讲 P.E.T.，但并没有真正了解过。没想到，翻开书后的短短一个小时内，我就喜欢和认可了它。它以人本主义作为基础，不仅尊重孩子，同时也尊重父母，而且还有非常系统的理论作为指导，简单又易操作。

比如它提到的"不一致原则"。

很多的育儿观念一直强调，好父母必须永远对孩子的行为和感受保持一致。举例说明，不能说你今天接纳孩子吃糖，明天又不接纳孩子吃糖了。如果经常反复你就不是好父母。

传统观念认为父母在育儿的路上必须"统一战线"，不能是妈妈说一套，爸爸说一套。这样会让孩子内心"分裂"，也会对孩子的未来造成巨大的负面影响。

这两个认知曾经也让我痛苦和纠结不已，因为知道和做到是两码事，明明期待自己做一个"好妈妈"，可是又经常对孩子露出锋利的爪子伤害到孩子和自己，中间的度真真是难以把握。

当看到戈登爷爷在书中明确指出这两个保持一致其实就是一个神话，潜台词当然就是——现实里是很难实现的。也就是说，我们并没有必要太过于纠结要求自己时时刻刻做一个"好父母"，强行接纳孩子的所有行为。我的心一下子亮了，就像迷航的船找到了灯塔的方向，被打通了任督二脉，困扰我很久的问题顿时清晰明了了。

比如，我不能接纳孩子穿着脏裤子上床的行为，这让我纠结和焦虑。可是，这就是我当下的感受，我在尊重孩子感受的同时，也需要尊重我自己的感受。之前我要么不准许孩子上床玩，要么压抑自己的感受且不断告诉自己：我是一个好妈妈，怎么能不允许他天性的发展呢？

而学习了 P.E.T. 之后，我只要把这个问题扒拉扒拉清楚，看问题归属于谁就行了，在这个问题上很明显是我自己的需求，不用继续强压自己的需求，也不用简单粗暴的指责和训斥，只要温和地对孩子发一个"行为＋感受"句式的就 OK 了：

> 宝贝，妈妈知道你特别喜欢在床上玩，但是你在外面地上爬了那么久，全身脏兮兮的，再到床上弄脏了床单，妈妈清洗起来很辛苦，咱们能不能换身衣服或者把外面的衣服脱掉，再到床上玩？

孩子痛快答应，问题顺利解决。

慢慢地，他就知道，穿脏裤子上床，妈妈会觉得不舒服，经常清洗床单很辛苦。他就学会了尊重别人的需求。

当然，除了发送"我—信息"外，还可以有其他解决方式，比如改变环境，在床上铺个床罩、床单什么的。解决的办法其实有很多，不用因为没有随时满足孩子而纠结自己是不是一个好妈妈。

同样，我也不用再逼迫孩子他爸跟我的育儿观念保持一致了。我只要做好真实的自己就好，我尊重自己的需求，觉察自己的感受，当我自己的感受和需求得到了满足，对孩子的需求也能看得更清晰，接纳度就不断在拓宽放大。我平和愉快，孩子快乐，爸爸高兴，温暖和爱自然滋生。

还有 P.E.T. 提到的当孩子出现问题时所运用的积极倾听，更是我最喜欢的"大菜"。

后来我把自己育儿的过程整理成书，可这样似乎并不够，我需要更系统、更规范化的学习，我想要把这么好的理念和技巧分享给更多迷茫中的父母，我想要成为一名讲师，这个愿望是那么强烈，于是我鼓起勇气走进了 P.E.T. 的讲师课堂。

我发现，现在面对众多同学发言时，我内心的恐惧已经逐渐谈去。而几次的"讲课"经历也让我发现，面前的"学员"虽然不是白菜，却也并没有张牙舞爪，其实跟大家互动、倾听和分享并没那么难。此时，我忍不住对自己也 P.E.T. 了一下，发送了一个肯定性"我—信息"："看到你鼓起勇气去突破自己，我真为你高兴。"

是的，我很高兴，我终将成为一名讲师，但首先是成为尊重自己、活出真实自己的讲师。

作者自评

俗话说"祸兮福之所倚，福兮祸之所伏"。小时候，因为上课发言被老师羞辱的事情带给我的负面影响可谓是巨大和深远的，但它同时也带给了我另一种收获。比如经常顾忌自己说话是不是会引发对方的嫌弃，所以我很少开口，多数都在聆听；也因担心别人会受到像我一样的伤害，我也很少去评判和打击别人。一双聆听的耳朵加上一张较为沉默的嘴，让我对 P.E.T. 的基本倾听和积极倾听有了更为深刻的理解。实践中我也确实发现，在面对孩子的问题时，很多时候只要做到倾听和理解，问题就迎刃而解了。

· P.E.T. 父母效能训练讲师

· 国家三级心理咨询师

· 北京林业大学应用心理硕士研究生

· 出版亲子育儿书籍《越温和，越有力》

· 系统学习过萨提亚、精神动力学、后现代叙事疗法等心理技术

唐文渊

　　曾经在国内著名企业工作，最后为了孩子踏入了全职妈妈的行列。看过许多育儿书籍，曾以为有了很多理论知识育儿就可以很简单，却发现，让育儿过程变得简单的永远不是技巧和方法，而是理解和爱。目前致力于用简单、直白的方式分享成长和育儿那点事。

第五章
需求冲突
——家庭成员
之间关系的转折点

· 导　言 ·

· 我家有个神奇的小本子 ·

· 透过表面冲突看到你我需求 ·

· 让星星陪着我 ·

· 记一次"没规矩"的沙龙 ·

P.E.T.
父母效能训练
中国实践篇

导 言

如果，当父母处于问题区时所发送的多条"我一信息"并没有让孩子停止那些"不可接纳行为"，那最好不过的方式就是被 P.E.T. 称作"第三法"的共赢方式了。既然是"第三法"，自然也会有第一法——父母赢，孩子输，第二法——孩子赢，父母输。在"你输我赢"的方式中，输的一方的需求都无法得到满足，因此会对赢的一方产生怨恨或者生气。而运用"第三法"，可以让父母和孩子共同找出解决方案，从而满足双方的需求。

然而，"第三法"并非像多数人想象的那样好理解，先暂且不说"如何应用第三法"，粗看上去，P.E.T. 父母效能训练中的"第三法"类似很多商业合作中的"双赢"，但有别于商业场景。P.E.T. 是针对人际沟通，尤其是父母与孩子间沟通的理论，因此，使用"第三法"的前提尤为重要，那就是双方都不能够在有着强烈负面情绪的时候来谈"第三法"，否则，这个时候的"第三法"就是一套伪装的"第一法"或者"第二法"。因此，在"第三法"使用之前还需要家长跟孩子对于"什么是第三法"做说明，对已经了解"第三法"的孩子，家长也需要向孩子提出邀请（而非要求）进行"第三法"，如果孩子有情绪，则需要先暂停"第三法"的实施，转为去倾听和陪伴孩子，了解孩子情绪背后的需求。同理，在父母提出使用"第三法"的邀请时，也需要先做一下自我的觉察，看看在这个当下自己是否有负面情绪，如果父母有负面情绪，可以通过"自我倾听"等方式，让自己的负面情绪得到释放后再来跟孩子一起进行"第三法"。

我家有个神奇的小本子

陆岫青

一直觉得 P.E.T. 中"没有输家"的"第三法"是最难运用的，面对冲突要花那么多时间去讨论、协商、想办法，真的好麻烦啊，最后真的能找到让双方都满意的解决方案吗？出于这样的疑惑，我们家的模式基本是小事儿协商，大事儿还得听爸爸妈妈的，直到有一天我家出现了一个神奇的小本子。

那是暑假结束前，儿子从外公外婆家回来了，因为他还有三天才开学，而这三天正好又都是工作日，只能每天早晨把他送去爷爷奶奶家，晚上再接回来。第一天晚上回家后，儿子说第二天不想去爷爷奶奶家了。确实，儿子从小是由外公外婆带大的，很少跟爷爷奶奶在一起。可是第二天还是工作日啊，怎么办呢？儿子提出要我请一天假在家陪他的要求。面对孩子提出来的这个不切实际的办法，我正准备一口回绝，但突然想到，孩子是在为了满足自己的需求想办法啊，嗯，先不忙着否定，我们一起来看看还有什么办法吧。于是，我找出一个小本子，告诉儿子，我们一起来想想办法，看怎样能让他满意，而我也满意。我先把儿子刚才想到的"请假在家陪他"写了上去，儿子受到鼓舞，一口气又提出了两个办法——跟妈妈一起去上班、让爷爷奶奶来我们家。我也提了几个办法：去小朋友家、让奶奶带出去玩儿。可是，完美的解决方案并没能"如期"出现。儿子提的解决方案我都不同意，请假或者跟我去上班，我不能接受；爷爷奶奶不会开车，也不方便过来。我提的方案儿子也都不同意。只好暂时放着，一会儿再想办法。

到快睡觉的时候，还没有想出办法来，儿子开始着急了，他哇地哭起来，嚷嚷着不想去爷爷奶奶家。这时我才想到，刚才只是忙着想办法，没有听听孩子不去爷爷奶奶家的背后有什么需求。于是，我开始倾听儿子。

我：没有想出办法，明天还要去爷爷奶奶家，你实在不愿意。
儿子：我不想去爷爷奶奶家，我要你陪我。
我：你希望妈妈能陪你。

当我说出这句话的时候，孩子开始慢慢止住了哭，静静地坐着。我也不知道怎么办好了，我了解了孩子的需求是想要妈妈陪，可是我真的不能请假陪他啊！我琢磨着怎么办，想告诉他我不能请假，又犹豫着这个时候是不是先别说。双方沉默了一会儿后，儿子说："我明天可以去爷爷奶奶家，但是晚上你要给我讲故事，还要陪着我睡着，明天早上一醒来叫你，你就过来陪我。"

我真是又惊讶又感动。惊讶的是孩子自己提出了双方都能够接受的解决方案；感动的是孩子在知道我不能请假陪他的前提下，提出了对我来说更容易做到的陪伴方式。后来想想，很庆幸我一开始没有习惯性地拒绝孩子提出的方案，而是写了下来，鼓励他再想想；很庆幸在还没有找到大家都满意的办法前，孩子有情绪时开始倾听他；很庆幸听到需求后，我因为实在不知道有什么办法可以解决，就没有像往常那样急着给建议，只是用沉默陪伴着孩子。当孩子的需求被看到、被理解的时候，再有一点点自己思考的空间，他真的有办法自己解决问题。我很愉快地答应了孩子。

他又补充道："要有二十天都这样陪。"

我说："没问题。"

他说："那你记在小本子上。"

从那之后，我们和儿子之间发生冲突，他都会提醒我们"用小本子解决吧"，更让我欣喜的是，儿子开始自己想办法，既满足自己也满足我们。有一天我回到家，儿子给我开了门，我看他不太高兴，似乎有什么事。他闷闷地坐下来，说："不高兴。"我挨着他坐下来。

他接着说：我不想坐晚班车了。

我说：哦，想到要坐晚班车就不开心。

他沉默了一小会儿，突然说：小本子呢？

我找出小本子来。

他说：我想了几个办法，你赶快写下了，我怕一会儿忘了。

于是他说我记：第一，等外公外婆来，我要坐一段时间早班车。

我记录并复述：等外公外婆来坐早班车。

他说：是坐一段时间。

我想，孩子的要求真是不高啊，还特意强调是一段时间。

于是我补充上"一段时间"。

接着他说：第二，周一和周五爸爸到于××家那站接我。

我问他：于××也坐晚班车吗？你坐班车先到他家等着？

他说：他不坐，不是到他家，是他家那站。

弄明白了，我就写下来。

接着他说：我刚才还想了一个，怎么想不起来了。

想了一会儿，他说：我想起来了，周五的时候让爸爸到学校接我。

我说：有三个办法了，还有吗？

他说：没有了，这些你同意吗？

我说：第一个，外公外婆来坐一段时间早班车，我觉得没问题，他们在家就能早接班车了。后面两个跟爸爸有关，得问他的意见。

儿子说：外公外婆什么时候能来啊？

我说：我跟他们商量了，3月份来。

儿子说：第一条你同意我就觉得可以了，不过如果能有两条我更满意。

我说：哦，你觉得已经解决了，等会儿看看爸爸的意见吧。

后来跟爸爸商量了，爸爸同意下班早的时候去学校接他。因此不愿意坐晚班车的事儿就圆满解决了。

看起来使用小本子越来越顺利了，可真正的考验还在后面。事情的起因是儿子不同意我们的春节安排。最近这几年爷爷奶奶冬天都到海南去避寒，我们春节就都去海南，那里气候宜人空气好，孩子也有地方玩儿，今年也不例外。可是儿子一个多月前就嚷嚷着春节想去昆明找外公外婆，他不想去海南了。这可怎么行呢！春节是爷爷奶奶最重视的节日，一定要全家团聚的。再说春节的时候昆明没有海南气候舒服，我们放假也希望带着儿子玩一玩。最主要的是，春节怎么过在我的观念里是大事儿，还得听大人的，小孩儿只要跟着玩儿就好啦！于是这次我们没有用小本子来解决问题，而是早早订好了去海南的机票。

虽然儿子还是时不时说春节想去昆明，但我没有太当回事儿，直到有一天早晨，儿子起床后在椅子上坐着。

他慢慢地说：我又梦见阿公阿婆了。

说完后他默默地坐着，我感受到他实在很想念外公外婆了，那份细腻的情感打动了我。

我开始倾听他的感受：哦，很想他们了。

他说：我梦见回昆明了。

我说：做梦都想见到他们了。

他接着说：春节就想回昆明。

啊哈，原来坑在这里呢。

我决定不理会：春节已经买好去海南的机票了。

儿子突然说：不能只是你满意啊，得我们俩都满意！

这句话犹如当头棒喝，我愣住了。是啊，每次我强迫他接受我的方案的时候，都只有我满意了。为什么小事儿可以用小本子解决，找到双方都满意的方案，而大事儿就必须听我的呢？"小事儿协商、大事儿我说了算"，这是我想要传递给孩子的吗？不是，这不是我想传递给孩子的价值观！

我愣了一会儿，说："还真是这样，我也希望我们都满意，那我再考虑考虑。晚上我们来商量吧。"

吃过晚饭，我们一起坐下来，商量春节安排。儿子说肯定还是不同意他回昆明，还是得去海南。我好惭愧，自己以往在大事儿上完全不给他机会，他已经不相信这次我会考虑他的需求了。从这次开始改变吧！

我说："我们一起想想办法，我相信会有办法的。早晨我听到你说很想外公外婆，你是想早点见到他们吗？"

儿子说："是，我不想等到三月份了。春节就想见到他们。"

于是我们又拿出小本子，开始集思广益想办法。儿子想的是："先和爸爸妈妈一起去海南，等爸爸妈妈回北京的时候，我去昆明。等寒假结束我再和外公外婆一起从昆明回北京。"还别说，这个办法虽然比较麻烦，还真是既满足了我们和爷爷奶奶一起过春节的需求，也满足了他想早点见到外公外婆的需求。我想到的是："请外公外婆早一点来北京，不等到三月了，二月底就来。"爸爸想到的是："请外公外婆一起去海南过春节。"最后大家一致同意："请外公外婆一起去海南过春节。"不过这个办法涉及外公外婆，我们得征求他们的意见，看他们愿不愿意去。之后打了电话，外公外婆也愿意去海南过春节，没想到事情最后解决得这么好，我们可以过一个大团圆的春节了！

 作者自评

现在再想"小事儿协商，大事儿我说了算"已经不太行得通了，孩子会提醒我们"用小本子"找到"大家都满意的办法"。不过我还挺喜欢这样的，不用再强迫孩子，不用再由我来想出所有的办法，当我考虑孩子的需求时，孩子也更愿意考虑我的需求，还不时会有天才主意呢！

陈岫青

· P.E.T. 父母效能训练讲师
· 7 岁男孩妈妈

实践 P.E.T. 四年来，发现我的沟通方式在慢慢改变，从外及内，让我开始觉察自己的内在模式，越来越体会到孩子是来帮助我重新发现自己、疗愈自己的。P.E.T. 不仅让我和孩子更加亲密，还改善了夫妻关系、和父母的关系。传播 P.E.T.，如同种下爱的种子，愿更多的孩子、家庭受益。

透过表面冲突看到你我需求

郑莉健

茜宝睡觉前有一个"毛病"，总是喜欢用双手捧着我的脸入睡，甚至她会在昏昏欲睡间用手轻抠我的脸！每当这个时候，我心里的小火苗便一簇簇地被点燃。

"茜宝，你抠我的脸，我不舒服。"

"不会啊，为什么不舒服？"一脸的无辜。

"因为你的手上有汗，黏黏的、潮潮的，我觉得不舒服，好难受。"

茜宝眯着眼睛，下意识地将手在衣服上蹭了蹭，啪的一下，又黏了上来。"好了，我擦过了。"

我的心里一阵阵发毛，有一种抑制不住的感觉就要喷薄而出。我必须让她明白，她打扰我了！我必须让她改变！

"不行！茜宝，你这样做我还是很难受，我没法入睡。"我的语气加重了。用手将她的手拉了下来。

茜宝不屈不挠地继续把手贴着我的脸："不要，不摸着脸，我难受。"

我拉下她的手，她的手黏回来，又拉下，又黏上，如此三番地转了两遍，我真的有些气愤了。

"我不喜欢你这么做，这是我的脸，我的身体，你没经过我的允许，我不同意，你就不可以，要不然你就是不尊重我的身体！"

强烈的语气将事态升级。这是越界！这是不尊重！我要捍卫我的权利！我必须教会她什么是界限！我可不是一个界限模糊的妈妈！一再被打扰进入梦乡的茜宝也终于爆发了，大声的号哭拉开不平静夜晚的序幕。

这样的事情，在我们家持续了很长一段时间。看着哭闹不止的孩子，已经学习了一段时间 P.E.T. 的我感到无力又委屈。难道我的需求不应该被满足吗？难道我还要按照旧办法妥协让步吗？难道就应该让孩子予取予求吗？为什么 P.E.T. 不管用了？

在学习 P.E.T. 之前，我惯用妥协大法，憋着火，暗自琢磨："好吧，我忍！求求你赶紧睡着，睡着我就可以把你的手扒拉下来了！"结果往往是孩子的任何一点"拖延""磨蹭"终会激怒我，让我借题发挥，继而使用命令、威胁、恐吓等权威大法，母女大战，之后看事情一发不可收拾，于是连哄带劝，割地求饶，总要弄得两败俱伤。

随着我不断学习 P.E.T. 父母效能训练，从初识慢慢到一点点深入了解。倾听技巧的练习让我面对孩子有情绪难受时小试牛刀，时有的受益让我信心满满。而我对于孩子的接纳度也在不断扩大，亲子关系也有所改变，常常能感觉到爱的流动。我也意识到，原来不管是"妥协"法还是"权威"法对于亲子关系都是弊大于利。

于是，我决定解决这个悬而未解的睡觉问题。我抓住界限、需求概念不放，如获至宝，誓死捍卫自我权益，决定对自己的需求负责，有理有据地在亲子沟通中讲个一二三，面质性"我—信息"一条条犹如飞刀刷刷飞向对方。不曾想铩羽而归，亲子关系也像绷紧的皮筋，一朝回到解放前。

受挫的我时常泄气，反思自己：是我学艺不精吗？我明明就尊重自己的需求啊，我明明很诚实地表达了我的想法，为什么孩子不曾改变？

为什么孩子不体贴我？是不是我不应该这样去要求孩子？委屈、沮丧、内疚甚至后悔充盈着我的内心。

沮丧后悔的情绪浪潮终于在汹涌了一段时间之后退去。我开始反思我与孩子在沟通过程中的种种。P.E.T.是什么？它是一种新的工具吗？可以让孩子听话的新手段吗？它让我们做诚实的父母，每个人对自己的需求负责，诚恳地沟通。我真的可以诚实地面对自己吗？我是否对孩子诚实？

> 我：我不同意她摸我的脸，真的是因为难受吗？
>
> 内心：是的，我很难受，我的心里毛毛的。
>
> 我：是因为她的手湿吗？擦干了的手也难受吗？
>
> 内心：难受！因为手上有细菌，会引起我痘痘肌的皮肤起痘痘。

突然听到内心声音的我才发现，其实我一直没发现我隐藏的真实需求——我对于皮肤健康的需求。再看茜宝，她之所以要一直捧着我的脸睡觉，在一次倾听之后，我找到了原因。我在她三岁半的时候曾尝试强行给她分床，在她熟睡后将她抱到小床，她强烈地抵触，我也没有坚持下去。可是从那之后她却总担心在晚上睡觉后，我再一次将她抱走，而捧着我的脸可以让她踏实知道妈妈在身边。

在我看到真实的自己之前，我一再地将使用P.E.T.方法当成控制孩子的新工具，裹挟着企图和命令，聪明如孩子一眼洞穿，拒绝配合。只有当我真的放下期待，抱着一颗真诚帮助彼此的心来解决这个问题时，事情才柳暗花明。

我以学习育儿良方（搞定孩子）为目的去学习的P.E.T.，一路下来，有欣喜、眼泪、欢笑、沮丧、懊恼，种种沉淀，反观自己，改变已经悄悄发生。"育儿先育己"绝不是一句时下流行于年轻父母中小资又标新立异的时髦话。从育儿这个坐标出发，找到的却是自我成长的契机。

 作者自评

拨开云雾，找到彼此真实的需求，我诚恳地对孩子表达了我对她行为的担心，也肯定了她的需求。我们平和地商量，很快就找到了新的解决方法——捧着妈妈的脖子睡觉。这样的解决方法，没有人委屈，没有人愤怒，每一个人的需求都被照顾到，皆大欢喜。

郑莉健

• 一个五岁女孩的妈妈
• 无条件养育和 P.E.T. 实践者

初为人母，焦虑、紧张、自责，"压力山大"，遍寻育儿良方，恨不能成为"专家"。直到遇见了 P.E.T.，才知道孩子是为着我而来。通过孩子，我重新看到了自己，开启了自我成长之旅。

让星星陪着我

刘　畅

妹妹（麦芽，1岁8个月）晚上9点睡着了，姐姐（暖暖，3岁3个月）躺在床上仍然兴奋不已。

> 我：暖暖，赶快睡觉吧，妈妈想等你睡觉之后，出去做一点自己的事情。
>
> 暖：妈妈，我不想你出去。
>
> 我：哦，你想妈妈一直在屋里面陪着你。
>
> 暖：是啊，要不你出去了，麦芽醒了我还要陪她一起出去找你，好麻烦。（其实每次都是妹妹呼呼大睡，姐姐哭醒叫我进屋继续陪睡）
>
> 我：哦，带妹妹出去找妈妈，你觉得有些麻烦。
>
> 暖：是的。（这里没"倾听"到位，现在回想她是想借妹妹来表述她的感受。）
>
> 我：可是妈妈真的需要有一些自己的时间做点事情啊！
>
> 暖：那我陪你一起出去吧。
>
> 我：你想要和妈妈一起出去。
>
> 暖：是呀，不过麦芽要是醒来找我怎么办呢？
>
> 我：哦，你担心妹妹起来会要找你。（这次还是没"倾听"到位，现在感觉她是再一次给我机会想让我看见她对我之前不陪睡的不满。在我没有接收到这个信号之后，她就开始"歪楼"，和我聊白天的一些其他事情，然后聊完了她又开始自言自语讲故事，仍然没有睡意）

我：亲爱的，睡觉吧，妈妈有点着急了。（暖开始闭眼，能感觉到她很努力却真的是睡不着）

我：还是不困吧？

暖：是啊。

我：那这样吧，你不想睡觉，妈妈又想有些自己的时间，咱俩一起想个办法让咱俩都能满意吧？

暖：好呀，那我让月亮陪我。

我：妈妈想一个吧，让爸爸陪你玩吧。

暖：让××兔子带着××猪去××地方。（好像是幼儿园讲的绘本内容，这脑洞大的让当妈的真是汗颜，于是我就想说一个可以解决问题的方法，结果一下又矫枉过正了）

我：让爸爸陪你睡觉吧。

暖：我不要和爸爸睡！！

我：不要着急，妈妈说的不是结论，我们来再想几个方法，最后找一个我们都满意的方法。

（现在复盘来看，爸爸陪睡觉并不算满足双方需求的解决办法，所以孩子会有些抗拒）

暖：让星星陪我。

我：让太阳陪你。好了，我们现在有几个方法了，哪个方法你觉得不错呢？

（着急想快点出去，所以草草提了几个方法就赶快收场，其实拓展一下，感觉方法可以有无限多的。）

暖：让月亮陪、星星陪都挺好的。

我：那你更想选择谁呢？

暖：那星星吧。

（然后我们就一起去客厅，暖暖自己画画、玩玩具、看绘本，都是独立完成。我在客厅另一边给她缝沙包，顺便和爸爸很放松地聊天。中途她好奇过来几次，都问一句就又自己玩去了，满足了我想要独立空间的需求，不过到最后她还是会忍不住开始越来越想和我有些小小的互动，但被满足需求之后的我完全可以接受她的这些互动）

大概十点半，我问她要不要睡觉，她立刻说好。

上床之后我问她：今天咱俩一起解决问题的这个方法你觉得好不好？

暖：嗯，挺好的！

我：你和小星星玩得开心吗？

暖：开心，不过后来小星星跑到妈妈头上去了，我就也跟着过去了，小星星没有妈妈，她在天上，我就给她唱"一闪一闪亮晶晶，满天都是小星星"。

（听了这句话，我一下子觉得她后来要过来找我的理由好可爱、好温馨，也觉得她是在通过这句话来化解自己最后没有遵守约定的不好意思吧）

我：哇！小星星和你一起过来的呀，妈妈感觉好幸福呢！你喜欢这样解决问题的话，那我们以后还这么做吧！

（然后发现她还是没有困意，我说那就让小星星再出去陪会儿你吧，然后我们一起出去，又过了半个小时到了十一点，我的极限到了）

我：暖暖，已经十一点了，就妈妈平时对你的观察，第二天起来你会好困好困，妈妈看着好心疼，睡觉吧，而且这次我不会再允许你出来了。

暖：好。

然后，暖暖进屋很快睡着了。

后来，当我俩又因为别的事情有争论的时候，她会立刻主动提出

"妈妈，我们想一个解决办法吧"，真是省时、省力、省唾沫！

 作者自评

不睡觉这个事情大概持续一周多了，暖暖晚上就是表示不想睡觉。第二天她虽然很困但也可以很配合地起床去幼儿园，所以我并不介意她不睡觉。但我很想有点儿自己的时间，可是她不睡就要我陪她玩，搞得我看看手机又觉得内疚，陪她玩玩又没有心情，非常纠结。调整了沟通的方式后，我昨天晚上感觉非常舒服，而且以后遇到类似的情况我可以直接召唤小星星了，也让我看到3岁孩子的人生智慧真的比大人丰满有趣！

刘畅

- P.E.T. 父母效能训练讲师
- 两个孩子的妈妈
- 国家三级心理咨询师

P.E.T. 还原了我的真实面貌，也看见了孩子的美好心灵。当我们彼此开始面对自己的需求时，我收获的是放松，孩子收获的是独立，爱就在这一刻开始流动起来。

记一次"没规矩"的沙龙

王漪

沙龙的起因是这样的：事儿姑娘算是个新晋"P 二代"[①]，作为"P 家人"[②]的事儿妈觉得跟姑娘沟通越发真实自然。而目前事儿爸却时不时会埋怨，当妈的让姑娘越来越"没规矩"：看动画片超时，当妈的也不会动手关；饭没吃干净，当妈的也不会拦着不让下桌……老话说"没有规矩，不成方圆"，我们心中似乎总是有一把"应该"的尺子挥之不去。面对孩子的种种"不应该"，P.E.T. 的处理方式似乎与传统有些不合，那么在这种养育模式下的孩子真的会变得越发"没规矩"吗？于是，事儿妈召集了个 P.E.T. 主题沙龙，来聊聊这个话题。

沙龙聚集了几位讲师班的同学，于是开场就变得很不"规矩"，是从小区停车开始的。故事是这样的：

> Y 同学来参加沙龙，进门打招呼，技术总监高帅问他，楼下停车交了多少钱？Y 同学得意地说，还是二十呀！高帅不忿儿，凭啥每次要我三十？Y 同学开始教导说，（此处省去数万字）保安老哥的工作价值就在于此呀，他是这个规则的守护者，是要体现存在感的……

一般情况下，当 Y 同学开始滔滔不绝的时候，别人是很难插进话的，但这一次作为沙龙主持，我只好眼疾手快，揪出"规则"一词就往今天的主题引：的确是啊，是否遵守规则，是否有规矩，其实还是要关注到背

---

① 指践行 P.E.T. 理念的家庭中的孩子。

② 指 P.E.T. 理念践行者。

后的人本身啊。来来来，今天的沙龙我们好好聊这个啊！

要截住别人的话头不容易，尤其还是这个自带"槽点"，时不时就会来你的生活里闹腾一下的"规矩"问题，大人尚且也在此间有纠缠不清的时候，孩子就更是难免了。那么在重视 P.E.T. 实践的家庭里，究竟什么是我们理解的"规矩"，什么是我们期待的"讲规矩"，如何让孩子成为"有规矩"的人呢？

说到"没规矩"，这是个乌漆漆的标签，是种评价。抛开评价，标签之下，我们看到的是孩子什么样的行为？

比如：在公共场合喧哗；不注意餐桌礼仪，将电视开得很大声，或者摔筷子，或者在过道玩闹让大人追着喂饭；不遵守先前约定，长时间玩手机；去别人家做客时随意翻主人家的柜子；无故挑衅别人……

说起看不惯的"没规矩"，仿佛蓄洪开闸，奔流而下，痛快吧——停。

让我们先收一收思绪，想一想：在这些场景中，我们希望孩子遵守的规矩是什么？

比如，A 同学说，孩子不遵守先前约定，长时间玩手机。我们希望孩子遵守的规矩是之前的约定或者是家庭规则，这个约定甚至有可能是通过 P.E.T. "第三法"孩子自己提出和同意的。我们还希望孩子养成守诺的道德习惯，在价值观高度跟我们统一站队。又比如在一个高档会所，或是在一个严肃的书店，人们喁喁细谈或者在书中神游的时候，孩子突然大声说话，引得人人侧目，那么我们会希望孩子此时应该维护会所或书店的公共环境，遵守秩序、保持安静。再比如 Z 同学说，看见孩子吃饭时间不上桌，让老人追着满地跑喂饭，那么我们会希望孩子能够养成良好的进食习惯，能够尊重长辈。还有希望孩子遵守界限，尊重隐私，做客时不随便翻人东西或者不随便挑衅别人，等等。诸如此类，总结下来，规矩在我们的育儿场景中大多可归为家庭规则、公共规则、行为习惯、价值观和道德。这与百度上的释义大体相符：礼法，法度；一定的标准，成规；老老实实，恪守本分（哦，关于最后这一条，先放着，算个伏笔，之后再说）。

如果我们只停在百度释义上，我们看到的规矩便更像是一些条框，就像密室防盗的红外线光束矩阵，规范着我们的行为不可越雷池一步。那么，规矩难道就是天生的高冷范儿，动辄"家法伺候"的那种？其实不然，那么如何进一步解读规矩，我们不妨先放下"家法藤条"，来想想规矩能给我们带来什么。

看手机时间的约定，这项家庭规则的建立初衷，对妈妈来说也许是

——可以不用担心孩子的眼睛健康

——可以照顾好孩子之后早些休息或做点自己的事情

如果孩子也参与了这项约定，那么对孩子来说也许就是

——确定自己的游戏时间，玩耍

——让自己掌握一定的自主和自由

规则的背后，是一些柔软的渴求与心意，规则的诞生是为了满足这些需求，为其服务。同样，从家庭规则延伸到社会公共规则，会所或书店的"静"，能给人们带来社交的愉悦或者独处的安全，只是它拥有更多的参与者，服务的是更多人的共同需求，被更多人所认可。当我们意识到规则的本质其实是人们为满足需求而找到的一种解决方案时，我们看见了它的人心暖色。再看关于餐桌的规矩，不看电视、礼貌用筷、端坐餐桌等，这些礼仪究其本质目的是什么？吃饭呗，好好填饱肚子啊；当然还有可能是为了通过一起吃饭来更好地维系感情。到人家家里做客，不乱翻东西，不随意挑衅，这些界限感表达的是尊重，再往深里一层说也就是为了身体和心理上的安全感，以及爱与被爱的需要。这些良好习惯是一种积久养成的生活方式，是人们在实践检验中发现并秉持的。它的存在不是为了管束，而是为了满足。

再来说价值观和道德。

在那个玩手机的家庭规则例子里，我们可能会认为，此时我们希望孩子养成的规矩不仅仅只是遵守这一条约定，更重要的是要学会信守承诺。"人而无信，不知其可""遵守诺言就像保卫你的荣誉一样"，古今中外许多名人都奉行这一价值观或者说道德准则，那么我们自然也希望孩子能认可并执行。当我们看到孩子不遵守约定，甚至是不执行通过P.E.T."第三法"自己同意了的解决方案时，我们生怕孩子会变成"无信"之人，从而站在我们的价值观对面。

小小年纪，答应了的事就没做到，大了怎么办……

缓缓焦虑的心，我们来问问自己，我们的孩子真的认为守信不重要吗？想想，当我们答应孩子晚上回家不看手机全心陪孩子玩耍而没能做到时，他们会说什么？不能否认，答应的事要做到，对孩子来说也很重要。他们并没有站在我们的对面。

行为并不能简单跟价值观画等号，用一个比喻来说——身在曹营心在汉——价值观是忠于汉室，虽然行为上看是投身敌营。行为与价值观不一致，那是因为有生存的需求，或者是有自我实现的需求。具体是哪个，那就需要积极倾听才能澄清喽。

戈登爷爷也提醒过我们，亲子生活矛盾中被划为价值观冲突的部分，只是仔细分辨就会发现，大多数还是需求冲突。就像A同学感慨说，我们常常打着价值观的幌子。用价值观来面对需求冲突，便容易陷入避实就虚、无可奈何的境地。而孩子超出约定时间玩手机，或许正是有个强烈的需求未被满足，这才是我们需要面对的。

那么话说回来，孩子们的"不规矩"有纯粹的价值观不同吗？答案必然是有的。只不过，在沙龙讨论中的几人都还未在现实生活中遭遇，也许是因为孩子都还年幼。于是我们又都默契地将讨论重点放在了非价值观的部分。

经过这一番探讨，我们基本上能明白"规矩"是个什么样的存在，在 P 家人心中它又是为谁而存在的。规则也好，习惯也罢，归根结底是应需求而生。需求，是 P.E.T. 的关键词，那么也是解析这次沙龙主题的钥匙，关系到什么是我们期待的"有规矩"。

我们当然希望孩子能够遵守家庭规则、遵守社会规则，养成良好习惯，但是这还不够。我们希望孩子通过这些"规矩"，看到背后的人的需求，学会为了需求而遵守规则甚至改变或者制定规则，为了需求而养成自己的行为习惯。当然这个需求不仅仅是自己的，还包含关系中的他人的。

人的需求是一种很精妙的存在，它受天、地、人、我的影响，会有变化。既定的规则有时无法全方位地、精确地满足人在那个当下的需求。与其教孩子按照固有的规则去做事，不如给机会让孩子调整心灵的敏锐度，捕捉到那时那地那人的需求，然后做出满足人们需求的事。而且，随着科技进步及固有疆界的扩展，同一需求往往会有不同的满足方案，适用的规则和习惯就未必只有一种。认准需求的同时给孩子们更多思维的空间和行动的自由，或许是我们作为父母能给予未来世界的礼物。

记得刚入职一家以"规矩"闻名的外企时，老板教导说，对你们的期待不只是 Do things right 而是要 Do the right thing。我们要孩子不只停留在"守规矩"上，还希望他们能够"有规矩"——发现、理解、尊重、满足彼此的需求，并在此基础上制定和执行最适合的解决方案。

这或许就是"P 家人"对"有规矩"的不同理解。如果你也希望我们的孩子不要只会"本分"度日，而是能够审时度势、与时俱进，那我们就是对这个期待有了基本的一致认识。

好吧，洋洋洒洒说得轻巧，如何才能让孩子"有规矩"呢？孩子就是不按约定，要玩手机，怎么办吧？

　　这么说：宝贝，你都答应了，就玩 20 分钟，现在已经到时间了，眼睛该难受了。乖啦，睡觉哈……

或者是：你怎么回事啊，说话不算话，我数三下……

或者是干脆暴力"镇压"。

不去猜想以上这些方式是否奏效，我们认为能帮助孩子成为我们期待的"有规矩"的方式是——不纠缠在规矩本身，回到我们需求的初衷。倾听，关注对方的情绪与需求；面质，表达自己的感受与需求；换挡，让情感流动起来。

你真的看得好开心，舍不得放下啊……

问题是，妈妈得等到你上床，讲完故事睡觉以后才能去休息，真的有些扛不住了……

是呢，你好想知道最后她到底有没有找到魔法书……

不过，妈妈也好想好想躺下呢……

……

回到最初的需求，才有可能顺着需求理出解决方案，这个解决方案有可能还是原来的，有可能就有变化。只要这种变化满足了当下双方的需求，那就大胆接纳它。你可能会说，家庭规则还好说，改了就改了，公共规则呢，学校规则呢？

当然，我们让孩子学会关注需求，可不是让他们随意漠视或篡改现有规则的，而是让孩子找到"有规矩"的内在动力。孩子们的行为有时看似是挑战这些规则，其实大多时候他们只是没有意识到这些规则是为了在帮助别人的同时也帮助他们自己，或者他们在这个基本的需求之外又有了自己独特的需求。

孩子在安静的书店里大笑出声，这时单纯教导让他们安静、守规矩，他们可能坚持不了一会儿，尤其是年龄较小的孩子。他们可能从未被告知为什么要安静，安静会给他们周边的人和他们自己带来什么。当他们真的理解安静的好处，或许他们会比被简单训斥后更"听话"些。当然，只是"或许"，因为孩子们可能还有别的属于自己的需求未被满足，比如与身边人痛快分享书中乐趣的需求学。那么，也许调整环境是我们需要借用的 P.E.T. 技巧——改变周边环境来预防孩子做出不可接纳行为，比如带孩子到适合他们这一年龄段儿童阅读的场所，等等。一方面，孩子能理解到自己的独特需求被看到了、被接纳了；另一方面，他们也明白公共环境的秩序同样需要被尊重。而且，我们有能力兼顾这两点。

公共规则也好，学校规则也罢，它们照顾到的共同需求通常更基本、更稳定，规则的形成通常也经历了许多实践的检验，大多时候都是积极有效的。

当然，也会有个别"out"的。

想起 Teacher Effectiveness Training（T.E.T. 教师效能训练）工作坊里，督导 Steve 爷爷讲了个学校的例子。老师组织孩子们去操场活动，一教室的孩子需要排好队穿过走廊从 B 门走到外面的操场；老师希望孩子们走成那条安静的黑色折线，因为二教室和三教室的孩子们还在上课；但通常情况下，孩子们走成的都是那条闹腾的橙色曲线（图 8）。老师很生气，后果很严重。于是校长室经常会接待几个这样"不规矩"的孩子，而实际上校长对此是不胜其烦。

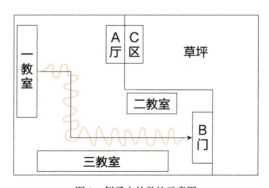

图 8　例子中的学校示意图

他来这个学校任职时间不长，有些奇怪为什么一教室的孩子去操场不走 A 门而是绕远走 B 门。当他在教职会上提出这个疑问时，老师们只回答说这是学校的规则，而且已经执行了 13 年。校长追问缘由，最后只有一位老教师记起了往事。原来 13 年前，A 门口的 C 区重修，铺了块水泥，于是让当时一教室的孩子绕道 B 门去操场。只是 13 年过去了，水泥早已干了，这条"规则"却没有改动过。这条规则在 13 年前合情合理，13 年后却几乎成为一个笑话。

当然，这也许真的就只是个美国的越洋笑话，但愿如此。P.E.T. 里的"第三法"也提到了，第六步，要检查结果，如果执行出现偏差，需要重新走一遍，回到第一步，界定需求。需求变化了，需要重新审视解决方案是否依旧适用。公共规则也并非永远完美有效，这是我们可以跳出的禁囿。但是，这并不意味着我们每个人都需要亲自改变所有我们认为失效的公共规则。我们都有自己可以改变的自由区域，有些人的大一些，比如学校课堂的规则，老师可能会比学生可改变的范围广一些，校长会比老师更广一些，教委可能又会比校长更广一些。而我们愿意让孩子了解这一点，如果每个人都能在自己的自由区域内有所作为，关注需求，调整规则，那么在我们的生活中避免那个美国笑话当然是可能的。

于是回到沙龙主题的那句话，"P 二代"真的越来越没规矩吗？

当我们认为孩子"没规矩"时，大多情况下是我们的需求被妨碍了或者与我们的需求有冲突。通过 P.E.T. 的沟通方式——积极倾听、有效面质、转换技巧、第三法、调整环境，让孩子们认识到：规矩是为需求服务的，它的初衷不是为了管束，而是为了满足；而我们只有清楚界定了需求，才能更精致、更有人情味地使用规矩，不仅照顾自己，也照顾他人；如果每个人都在自己的生活里用这样的方式讲规矩，我们相信，我们都将会感受到这个世界的回报。如果孩子的"没规矩"真的是价值观差异，甚至是价值观冲突，那么 P.E.T. 倡导利用提供榜样力量以及做孩子的有效顾问等方式来影响孩子。所谓家风，能传承的大概不能是那些藤条皮鞭下屡教屡犯的家法，而是世代身体力行的典范吧。

作者回顾

当我们意识到"规矩"是为了需求服务时，我们就会明白"讲规矩"的意义更多的在于能够满足你我的需求，而不应在"规矩"本身纠缠。于我而言，P.E.T. 理念中对于解决方案和需求的区分，是一种对原有世事洞察方式的颠覆，全新的辨识视角会让我们发现更多通向人际关系和谐的选择。

第六章
做中学，改变
在不知不觉中发生

· 你的问题都将不是问题 ·

· 下辈子再也不要当老大 ·

· 三年后的重逢，让我们携手今生 ·

· 快乐家庭的秘方 ·

你的问题都将不是问题

吴海静

P.E.T. 网络读书会结束之后，我持续性地在群里分享了一些生活中的 P.E.T. 实践案例，因为我想学了之后用起来才有价值，也不枉自己所花费的精力。这种分享引发了一些共鸣和讨论，所以我把其中的一些案例集结成了文章，以问答的形式分享给大家。

P.E.T. 真的能给生活带来美好吗？

2016 年 6 月 28 日　倾听

晚上，看完书关灯后。

淘：妈妈，我睡不着。

我：哦，睡不着。

淘：我翻来翻去也睡不着。

我：嗯，翻来覆去也睡不着。

淘：我试着睡睡看吧。（第一个解决方案）

我：好，试试看吧。

……

淘：试试看也睡不着。

我：嗯，试了也睡不着。

淘：我把头发弄了弄也睡不着。

我：哦，还真是睡不着呀。

淘：给我放《小白船》吧。（第二个解决方案）

我：好。

......

淘：放了《小白船》还是睡不着。

我：哦。

淘：把空调那个（电源）灯给我关掉吧。（第三个解决方案）

我：呀，那个灯可关不了。

淘：为什么呢？

我：因为那是电源灯，得去外边拉电闸才能关。但是拉了电闸空调就开不了了。

淘：哦。

......

淘：妈妈，我还是睡不着。

我：嗯，就是睡不着。

淘：把歌的声音再关小一点吧。（第四个解决方案）

我：好。

......

然后淘淘就不再吭声了，翻滚了差不多十分钟后入睡。

简单重述孩子的话，孩子就有了自主思考能力，找到了缓解自己睡觉焦虑的解决方案，于是孩子的睡觉难题得到了轻松解决，这是你要的 P.E.T. 美好瞬间吗？

学了 P.E.T.，就能让孩子快快入睡？

2016 年 7 月 4 日 "我一信息"

今晚孩子在外面玩得太兴奋，8 点半才回家，回家又要求吃水果，然后洗澡上床讲故事，关灯时已经 9 点 35 分。可是躺下 1 个小时了他还没入睡，手还啪啪地打我胳膊，我开始烦躁，因为想着等淘睡着后还要起床做点事儿。因为烦躁，本来我一直拿着手机的手"啪"一下放到了床上，淘感觉到了异常，对我开始倾听。

> 淘：妈妈，你怎么了？
>
> 我：我陪着你一个小时了你还没睡着，我现在烦了。
>
> 淘：那你是想出去吗？
>
> 我：是的，我想出去了。
>
> 淘：不要，你一直陪着我好吗？
>
> 我：可是我烦了，我还有事情要做。你碰我胳膊，我就更烦了。
>
> 淘：好吧。

她不再碰我，又翻滚了十多分钟睡着了。

我学了 P.E.T. 之后，还是有孩子躺床上翻烙饼一个多小时才睡着的时候。所以，美好的时候很多，一地鸡毛的时候也不少，天下没有永远的一帆风顺。只是，P.E.T. 可以教会我们如何在一地鸡毛时还能以无伤害的方式表达我们的情绪。

我家孩子连自己的垃圾都不知道扔，你说咋办呢？

2016 年 8 月 14 日

淘淘从玩具箱里翻找玩具，箱子上方放了两份宣传册，她嫌碍事就啪啪地扔到了地上。

> 我：宝贝，我看到你把宣传页啪啪地扔到了地上。（发送"我—信息"，行为描述）

淘：我在找长颈鹿玩具呢。

我：可是现在地板看起来乱乱的。（继续发送"我—信息"，行为描述）

淘：可是我刚才着急了呀，我找不到长颈鹿了！

我：哦，原来你着急了呀，宣传页盖住长颈鹿了。（孩子情绪温度升高，我换挡进行倾听）

淘：对呀。

我：可是妈妈喜欢地板保持整洁，看到乱乱的就会心情不好。（重新换挡到"我—信息"，描述影响）

淘：好吧，我会把纸捡起来的。可是这两张纸没有用啊。

我：嗯，是宣传纸，没有用。

淘：那我扔垃圾桶吧。（孩子自己提出了解决方案）

　　问题不在孩子是不是应该扔垃圾，而是在我们对孩子有了一份期待——期待他们有良好的行为习惯、期待他们能独立有责任，所以我们看到孩子"不良"习惯时的情绪不是因孩子而起，而是因我们自己的期待落空而起。看到了自己的期待，我们也就看到了自己的责任——通过面质邀请孩子帮助我们满足我们的期待。

通过无伤害的方式表达自我，
孩子真的就能做出调整去照顾父母的需要吗？

2016 年 8 月 17 日

　　灵山，从客栈往山脚下走的路上，我们准备去买点水果。

淘淘：妈妈抱抱。

我：好吧。

……

我：宝贝，妈妈抱不动了，妈妈现在太瘦了，想多抱抱淘淘都抱不动了。（发送"我—信息"，坦诚地表达自我需求）

淘听完我的这份剖白，立马自行滑落到了地上。（因为我发的"我—信息"，淘主动调整了不可接纳行为）

……

淘：妈妈，我不想去买水果了。（淘很喜欢吃水果却说不想买水果了，异常的语言线索，表示她可能进入问题区了）

我：哦，可是两天没吃水果了，妈妈想去山脚下看看有没有卖的。

淘：妈妈，那条蛇还在吗？（背景：头一天骑马上山的路上见到路边有一条死蛇）

我：哦，淘淘是害怕那条蛇了吗？可是那条蛇死了，不会动了。（倾听）

淘：妈妈抱抱。（我心想，要妈妈抱原来是害怕那条蛇呀。）

我：好吧，妈妈抱。

淘：妈妈，我觉得那条蛇好可怜呀，它是怎么死的呢？是被晒干的吗？（被妈妈倾听之后，说出了"洋葱核"）

我：我也不知道它怎么死的呢，你觉得呢？

淘：我也不知道。

……

我：宝贝，妈妈又抱不动了，妈妈要是跟爸爸一样强壮就好了。

淘又自己溜到地上。可是刚走了一小段，淘又要求抱抱，抱起来后又提起那条蛇……

十几分钟的路程，走走抱抱了三四回，每次当我抱不动而发"我—

信息"时，淘都会主动滑落到地上，可是那条蛇的困扰一直在，所以她也一直有一个被妈妈搂抱而感到安全的需求存在，正是这个需求导致她屡屡要求妈妈抱抱。

所以，当孩子有一个未被满足的需求时，父母仅仅通过无伤害地坦诚表达自我需求并不总能令自己的需求得到完全满足。不过，我在语言上的倾听和在搂抱行为上的同理让淘感到了妈妈的爱和接纳，这让她有了心理能量，所以，当我在体力不支而坦诚表达自我需求时，淘也有力量屡屡调整自己的行为，去体谅我和帮助我。P.E.T. 带给我的正是这样相互体谅、相互温暖的亲子时光。

无伤害的意思是什么？是温柔而坚定吗？

2016 年 8 月 26 日

昨天我看书时，淘淘也凑了过来，见我边看边做标注，她也拿了一支笔坏笑着，一边看着我一边试探着在页面上点点点。

我（笑着冲她摇头）：淘淘，这是我的书。

淘呵呵笑着又点点画画。

我：宝贝，妈妈喜欢保持页面整洁。

淘又继续试探，笑着迅速在页面上画了两大道。

我（表情不再和悦）：宝贝，妈妈现在严肃地跟你说。妈妈在书上画线是标注妈妈觉得很重要的内容，这样妈妈下次再看书时可以马上找到想找的内容。可是妈妈不喜欢你在我的书上这样点点画画，这样书看起来就不整洁了。（很具体的面质，行为 + 影响，不带评判、不带指责地解释为什么我自己涂涂写写，却不同意她点点画画）

淘还是坏笑着，不过笑容中有了变化，透着一丝丝的不好意思，也不再下笔画。

淘淘点点画画一部分是想吸引我的注意力，还有一部分是在模仿我。所以我发面质时着重解释了我自己涂涂写写的理由，这其实也是在向孩子表达对她模仿的同理。因此，面对孩子的不可接纳行为，当我们拒绝的理由够充分，拒绝的态度不带指责时，孩子就很愿意调整自己以尊重父母的边界。所以，无伤害不是说我们一定要表情和悦、态度温柔，而是指我们在用"行为 + 感受 + 影响"这三要素组织面质语言时，要摒弃评判性和强制性的言语成分。评判性和强制性的言语一般都是指向对方的"你—信息"，而无伤害的面质是从父母自身的感受出发的"我—信息"。

孩子有情绪，倾听一下吧，可人家却让我走开，不让我靠近

2016 年 8 月 29 日

早上，我去上洗手间。淘醒来发现妈妈没在身边就不高兴，爸爸安抚好了后就自己去客厅看《小猪佩奇》动画片。我洗漱完毕从卫生间出来，淘看见我就一下子把头埋在了沙发里，我看出她还在生我的气，就过去倾听她。

我（也坐到沙发上搂住淘）：宝贝今天起床发现妈妈没在身边，生气了。

淘（不看我）：哼，你不爱我了。

我（微笑）：我一直一直爱着你。

淘（情绪有所缓和）：哼，那我不爱你了。

我：那我也还是爱着你。

淘（起身从大沙发跑到小沙发）：哼，我不爱你了。

我（也跟到小沙发）：我也还是还是爱着你。

淘（起身跑回大沙发）：我就是不爱你了。

我（也跟回大沙发）：反正我就是爱着你。

如此在大沙发和小沙发间来回了两三趟，我坚持要挨着她坐，淘终于重建对妈妈的信任，身体柔软下来让我抱在怀里，接下来我们一起开心地看了两集动画片。

有时候当孩子处在情绪当中，而且这个情绪跟父母有关时，孩子会采取回避父母的方式（譬如说"快走开""我不要跟你在一起"）来表达他们的生气／愤怒，这时候父母们确实会很困惑，不知道是该留在孩子身边倾听好，还是让孩子自己待一会儿好。对于这种情况，美国家庭教育心理咨询师帕蒂·惠芙乐在《倾听孩子》一书中基于其长期的研究实践结果，认为"即使孩子拼命要推开你，你也要坚持靠近他"。因为怒气背后隐藏的是孩子的悲伤和恐惧，这时候如果我们不走开，孩子可能会觉得我们很讨厌，而当我们真的走开时，孩子感觉到的是父母不爱他了。当我们不带敌意地、坚决地留在孩子身边时，孩子会意识到无论他们怎么恶语相向／拳脚相加都不会失去父母的关心和爱护，那么治愈悲伤和恐惧的过程就会开始。

P.E.T. 只适用于亲子沟通吗？

2016 年 8 月 31 日

今天打车出门办事，路上司机在一个右转弯口上声称怕被摄像头拍而没有转，所以绕了一大圈路，还多花了二十来分钟，导致我差点迟到。

在发现司机绕路的一刹那我就有不舒服的感觉升起，因为那个路口我自己经常开，司机绝对有机会从直行道并到右转道上，这是正常行驶，不会被拍。不过我觉着事情已经发生，就不想与事实抗争，选择了自我化解。

等绕了一大圈，再回到既定路线上时，我发现时间超出了预期很多，要迟到了，于是那种不悦再度升起，而且情绪温度急速上升。那个当下，我马上意识到自己进入问题区了，于是想到要给司机发面质。我知道面质完也不可能再改变司机绕路和多花很多时间的事实，但是，不发的话我就是不为自己的需求负责。于是发了一通言辞比较激烈却不带指责的面质，司机还是辩称会被拍，不过他说话明显没有了底气。面质完，我自己的情绪温度下降了很多，接下去的路程，司机加快了速度，也在到达目的地前就结束打表，还主动免去了一块钱。这些都是对方主动做出的调整，是面质带来的结果。

反思我自己在遇到冲突时往往会下意识地选择退缩和隐忍，这是无意识的自动化反应模式，而 P.E.T. 却让我在冲突的当下会带着觉察去克服潜意识的惯性，让我更有勇气去面对冲突。世上还有另一部分跟我相反的人，他们在面对冲突时会有更多的"冲动"，尽管我很佩服他们的力量和勇气，但是他们同样会在事后懊恼为何自己不能更理智一些，那么 P.E.T. 带给我们的觉察工具同样可以帮助他们解决他们的困扰。

我学了 P.E.T.，而另一位没有学可怎么办？

2016 年 8 月 19 日

孩子姑妈来京已快一个月，因为她和我有太多价值观上的不同，所以相处起来就有不舒畅的地方。前两天我跟淘爸倾诉，他耐心地倾听，没有评判，最后来了一句"这种感觉真是挺难受的"。

听到这句话，我的情绪一下子就烟消云散了。另一方面，我也有点发懵，不敢相信自己的耳朵。

因为这样的话在我们平时的沟通中非常少见，这是非常标准的一句积极倾听，而他平时更多时候表现出来的都是男人惯有的超理智，跟我表达同理的时候一般也就是基本倾听。

幸福来得有点太突然！容我缓缓神！

反观淘爸的这种变化，一方面是耳濡目染，另一方面也因为我会尊重我们的育儿观差异，没有要求他学 P.E.T.。他工作繁忙，没有看过任何育儿书籍，只是偶尔会看我写的文章，如此而已。

他曾跟我表达孩子跟他不如跟我亲昵，这让他很失落。我想这份失落和他对我的信任是他在潜移默化中也学着跟孩子以及跟我进行感受层面沟通的原因和动力所在。

所以，我学了 P.E.T.，而另一位没有学可怎么办呢？如果夫妻双方有足够的尊重和信任，我想这将不是问题。

下辈子再也不要当老大

董 航

我出生在东北的一个农村，家里有我的爸爸、妈妈、弟弟。我清晰地记得在我五岁那年一个夏天的傍晚，太阳马上就要落山了，天气还挺热的，我趴在外边的窗户上往屋里看，屋里是妈妈刚生完弟弟，爸爸抱着弟弟坐在炕上很高兴的样子。那天晚上，开始原本一直跟妈妈睡的我被要求跟爸爸睡，我据理力争只争取到最后一个晚上跟妈妈睡。好像五岁之前我的记忆非常少了，最清晰的就是这个了。本来是一个无忧无虑的年纪，却因为大人的玩笑话让我心中变得担心、害怕，甚至是恐惧。几乎所有的人都会跟我说，你爸爸妈妈有了弟弟就不要你了，就不喜欢你了，以后你家的好吃的都得留给你弟弟吃。弟弟原本只是一个婴儿，但在我眼里他却是天大的"敌人"。所以从他生下来我就特别讨厌他，我经常说，不要弟弟，把弟弟掐死，把弟弟扔出去。而我的父母认为我太不懂事了，怎么可以这么对弟弟，然后会严厉地批评我、数落我，甚至好像很嫌弃我。那时候的我更加确认了旁人所说的话，有了弟弟，爸爸妈妈真的就不爱我了。弟弟就像一个魔鬼，抢走了爸爸妈妈，抢走了属于我的一切。我无比恐惧，可是那个时候，我的父母还被温饱问题所困扰着，他们也很无奈和无助，他们不会去表达。假如他们跟我说，你很害怕有了弟弟之后爸爸妈妈就不爱你了，然后抱抱我，我想我的童年就不会有那么多眼泪了。

随着弟弟逐渐长大，爸爸妈妈跟我说得最多的一句话就是："你是姐姐，你要让着弟弟。"这是我最痛恨的一句话了。我当时就想：凭什么要我让着他，我永远都会比他大，难道我要让他一辈子吗？我无数次地在夜里蒙上被子偷偷地流眼泪，我当时认为当老大怎么这么惨，下辈子再也不要当老大。其实，一句简单的话就可以让我心甘情愿去让着弟弟，那就是："妈妈总是要你让着弟弟，你觉得不公平，你很委屈。"我想要的只是能够被妈妈理解、接纳、看见。而当时我的感受是原本都属于我的爸爸妈妈却要让我让给弟弟，如果我再不去争、不去抢，那我就真的什么都没有了。于是我开始成为一个在旁人眼里非常不懂事的姐姐，我什么都要争、都要抢，我妈妈买了10个苹果我要吃9个，留下最后一个是因为自己实在吃不下了。而我妈妈却会柔声细语地安慰我弟弟说："别跟你姐一样，我儿子最懂事了。"我嘴上吃着苹果似乎是赢了，但心里却流着泪。我多么希望妈妈也会那样柔声细语地跟我说一句话。然而我永远听到的都是："能不能让着你弟弟，一点姐姐样都没有。"因为弟弟是那个"受害者""弱者"，所以会得到妈妈更多的关注。妈妈逢人便会夸弟弟有多懂事，说我没有当姐姐的样儿。我真的很伤心，我要的不是苹果，就算10个苹果都给我了，我仍然会伤心。因为我要的不是苹果，而是妈妈的爱，我和弟弟争的也不是苹果，我们在争妈妈的爱。这就是行为背后的需求，每一个孩子行为背后都有一个未被满足的需求，只有了解孩子的需求才能够真正地帮助到孩子。我和弟弟其实都需要妈妈单独陪伴的时间，我们都需要确定妈妈是爱我们的，这样才能够解决我们之间的冲突。可是那时我的妈妈还没有条件知道这些，我和弟弟经常吵架，而妈妈也很苦恼。

因为我是姐姐，家里什么事情都让我出头，买东西啊、借个东西啊，跑腿的事总是我去，导致弟弟非常内向，而我又充满怨恨。我和弟弟都长大了，我从一个什么都争抢的角色转换成一个什么都要管的"二妈"角色，我要负责给他包书皮、钉本壳、去学校帮他收拾书桌、去老师那儿了解他的学习情况，包括教师节给老师送花都是我去。后来他上大学了，他找我永远只有两件事——交手机费和买车票。我记得有一年，我刚生完大女儿，因为答应给弟弟抢票，可是恰好抢票的点孩子哭了，我因为照顾孩子没有抢上票，结果我弟弟就好大的不愿意，我爸爸妈妈还打电话质问我、责备我。我崩溃了，心中的怒火一下子爆发了。我告诉他们：从小你们就偏向弟弟，我受够了。我哭了好久好久，我觉得老大太惨了，当姐姐太惨了，有个弟弟的姐姐就更惨了！我发誓不要让我女儿像我一样，我发誓我永远都不要老二，这辈子要把我的爱都给我女儿！

　　然而，就在此刻我写下这些文字的时候，我怀着老二已经 7 个多月了。我学习了 P.E.T. 之后，才明白原来问题不是出现在孩子身上，也不是因为有两个孩子，更不是因为姐姐弟弟组合。而是父母不知道如何去表达、如何去看见孩子、如何去解决他们之间的冲突。我并不是要指责我父母的不是，因为我知道，在那个年代，他们没有机会去学习，也没有精力去学习，他们需要解决一家人的温饱问题，他们已经把当时最好的都给了我们。但现在时代不同了，信息发达了，在我遇到 P.E.T. 后，我知道了当孩子有情绪时我说怎么去倾听她、去帮助她，而不是指责她；我知道了当我自己有情绪时，我说怎么用负责任、无伤害的方式去跟孩子表达，从而帮助我自己；我更知道了当我和孩子发生冲突时，该怎么用双方都满意的解决办法去解决冲突。

董航

- P.E.T. 父母效能训练讲师
- 两个孩子的妈妈
- 国家三级心理咨询师
- 无条件养育的践行者

　　当我第一次了解到国内有 P.E.T. 父母效能训练这门课程时，我立刻从黑龙江飞到上海去上了微微辣老师的课，之后便一发不可收拾，又上了安心老师和 Steve 老师的课，最后成为了一名 P.E.T. 父母效能训练讲师。P.E.T. 让我改变了很多，也让我的家庭关系、亲子关系有了重大的改变。我很感谢能够遇见 P.E.T.，传播 P.E.T. 是我的使命。我很骄傲我能够把这么好的理念带给我身边的人，并将它带回我的家乡！

三年后的重逢，让我们携手今生

Kiku

这次与 P.E.T. 的相遇竟是时隔三年的重逢，同时也是我首次深深体会到它的神奇与美妙！

三年前，我的先生在参加完 P.E.T. 工作坊后，迫不及待地为我报名，让我参加了下一期的工作坊，那是在 2013 年 12 月。三天的时间里，我心里除了心疼时间与学费之余，便是满满的不接纳，甚至充斥着愤怒！我的童年是在父亲绝对的权威下度过的。当我第一次接触到"积极倾听"时，简直觉得无法理喻，因为对孩子使用权威已深深地烙在了自己的心里。那时，三天工作坊的学习我只记住了一些基本句型，虽然在亲子沟通上 P.E.T. 没有帮到我，但感觉在工作中使用起来效果显著！

三年的时光里，我经历了个人成长的痛苦，后来与父母的和解，也认识到自己原生家庭带给我的影响。三年来看到儿子和我先生一起无话不说、亲密无间的样子，除了羡慕与嫉妒我别无他言。对儿子，我也尝试着用 P.E.T.，在无问题区时发送预防性"我—信息"，双方拥有问题时"面质＋倾听"，然后用"第三法"，但效果甚微。

平时由于自己工作很忙，工作之余便是满足自己的兴趣爱好，与儿子相处的时间少之又少。看到儿子与自己的关系渐行渐远，我也开始思考是否可以有所改善。当初对 P.E.T. 的那些质疑，在这次复训中也都找到了答案，看来 P.E.T. 的复训设置确实非常必要。首先，我找到了一个问题的答案——在使用 P.E.T. 扩大自己的无问题区时，是否会令自己违背自己的原则？在大家的案例分享中，我发现每个人的接纳度完全不同。就自己孩子给别人添麻烦这类问题，我马上会进入问题区，但有的学员会探讨如何用P.E.T.与被孩子打扰到的人沟通，对此我完全不能接纳，这也是我当初认为P.E.T.只是工具，是通过它来让别人忽略自己感受的工具。在这次复训中，我提出了自己的疑惑，并从中找到了完美的答案。另外，我经常使用P.E.T.里的句式，对儿子发送"我—信息"时基本无效。在这次复训里，我又得到了答案。原来，之所以不能成功发送"我—信息"，是因为我发送的"我—信息"里的要素并不完整，最大的问题是我希望通过"我—信息"去改变儿子的想法，其实那早已被他看穿。

另外，在这次复训中，我在心里完全接纳P.E.T.理念的情况下认真地学习，虽然时间短暂，但在亲子关系中有了巨大的突破！有时当我为儿子的行为感到焦虑时，在思考如何用"行为＋影响＋感受"去表达的过程中我发现，儿子的行为其实对我和对他人并没有什么影响，只是唤起了我没有接纳自己的某一部分，于是我悄然走出了问题区。

对于行为背后的需求，用心分析便能找出解决问题的好办法。以前，我也用我的"第三法"讨价还价——做出承诺，尽可能地多赢少输。我和6岁的儿子在国外生活了5周，每天他去学校时，我会给他约4元人民币作为零用钱，但他每天和同学一起花，说不够，我就让他用刷碗或洗衣服来挣钱。开始双方满足，但几次外出就餐没碗刷也不需洗衣时，他就会故意把碗弄脏，以致后来愈演愈烈，做点事就开始谈钱。我发现苗头不对，就开始与儿子计算他每天的花费、学费等，导致最终又开始争吵。原来，这并非"第三法"，而只是妥协！真正的"第三法"，是同时满足双方需求的方法，是从界定需求中寻求适合的解决方法并加以执行，若有变化，还要后续评估。

突然发现，P.E.T.不是工具，而是蕴藏着高深哲理的实践生活版。林林总总说了很多，也是我这次复训的深刻体会。对于我的细微变化，孩子马上就有所感触，当接到儿子电话说"就是想和你说句话"时，感动之余，更加坚定了我的信心。在 P.E.T. 学习的道路上，我是初学者，在这条曲折的道路上，我还会有疑惑，但会坚定地走下去！

Kiku

• 育有 6 岁的熊孩子一 "枚"

曾在日本留学数年，现陪儿子在清迈上学。爱生活、爱工作、爱运动、爱漂亮、爱旅游……喜欢一切美好的事物，我就是典型的天秤座。曾经是日企公司的高管，在工作中处理各种关系游刃有余，在生活中却迷失在亲子关系里。现在是陪读的全职妈妈，遇到 P.E.T. 之后，学习接纳孩子的过程中更接纳自己的不完美。人生，就是不断的经历与成长。

快乐家庭的秘方

Rena

　　当我身边的人发现我在学习一个叫"P.E.T. 父母效能训练"的东西，还成为了讲师时，他们的脸上都会冒出好奇甚至是困惑的表情。"你学这个干吗？"他们会问，"你又没有孩子。"确实，我还没有成为一个母亲，而且说实话，我也不知道自己什么时候会成为一个母亲。对这个问题最简单、最官方的回答是：我是一个专研家庭治疗的心理咨询师，我的工作就是去理解和帮助遇到困难和需要修复的家庭，所以"父母效能训练"是我工作中的一门必修课。但事实上，我的初衷却远远没有那么简单和功利。今天我就想聊聊那些之所以让我踏进 P.E.T. 教室的更复杂、更贴近我内心的原因。

　　我和我这一代大部分的孩子一样，小时候由姥姥和姥爷带大。爸爸妈妈为了养家，两个人都在外奔波。儿时的我跟姥姥和姥爷更为亲近，对爸爸妈妈反而不太熟悉。尽管如此，跟父母感情上的隔离却丝毫没有减轻他们在我 7 岁时的离婚对我的打击力度。在当时，我用一种平静和成熟的态度去掩盖了我的悲伤。现在回想起来，那种装出来的成熟在一个 7 岁孩子身上显得滑稽可笑。那时的我读懂了也吸收了爸妈的愤怒、痛苦和委屈，而我的潜意识告诉自己，在这种情况下，我在家里最应该扮演的角色是一个安静、用功读书、听话的孩子，好让他们不用花精力担心我。我告诉自己，这没什么大不了的，没有什么我应付不来的。

　　让我始料不及的是，那些我自以为在我 7 岁就已经学会如何处理的事情，在我 20 岁的时候却突然让我不知所措、如芒在背——当我需要或者想要去和另一个人建立亲密关系的时候，我会感到彻底的迷失、困惑，甚至是一种无法控制的恐惧。这种恐惧对我来说，就如同小时候听到的故事里的妖魔鬼怪一样。他们无处不在，如影随形。

当我还是个孩子的时候，我没有从我的父母身上看到，也自然没有学会的就是该如何平静地解决冲突，以及该如何去修复亲密关系中出现的裂痕。我看到和学会的仅仅是，一点点意见上的不和是如何演变成了负面情绪的爆发，进而以刺耳言语来互相伤害而告终。正因为如此，我对于"冲突"这件事产生了无法言喻的恐惧。在我的心里，任何一丁点的分歧都会无法避免地造成不可挽回的糟糕局面，甚至是毁灭。同时，我也不知道在面对"冲突"的时候，我该如何去正确地表达我自己。每当我感到事情有一点不太好的苗头时，我会立刻选择沉默、哭泣或者把自己锁在没人的房间来逃避。

对我来讲，生活中的悲剧和失去是不可避免的——我对此感到恐惧，但是又深信不疑。每当我深爱着另一个人的时候，我同时也会陷入一种痛苦和矛盾的循环中。仅仅是想到在某个时候，这个人会抛弃我、离我而去，我就会感到一种无法承受的痛苦。而矛盾的是，在我脑海里又会有一个声音不停地告诉我："这个人早晚都会离你而去。"对于这无解的循环，我选择的处理方式是催眠自己。我会不停告诉自己"他早晚都会离开我的，大家都是这样的"或者"等着吧，他随时可能出轨，你要做好准备"。这就是我选择的处理方式，我自己也不知道为什么。可能是因为我认为当我时刻都做最坏的打算时，那么当这个最坏的情况真的发生的时候，我就不会有那么痛苦。

更糟糕的是，我甚至会对"快乐"这件事也产生恐惧。当我深爱着另一个人的时候，我知道我的爱是很直接、很强烈的，但当对方也用同样直接和强烈的方式来回应我的爱的时候，我又感到一种让我踟蹰不前的恐惧。这种恐惧同时还伴随着强烈的质疑——我会问自己"我真的可以这么快乐吗？我真的能允许自己接受这么强烈的爱吗？"这种恐惧和质疑，也让我每次沉浸在快乐中的时候，本能地去干预和破坏自己的快乐。我会去设想一些悲剧的发生，比如我的爱人会突然得了绝症或者突然遭遇什么事故。在我的潜意识里，我去爱一个人或者被一个人爱，对他来说非但不是一件好事，而是一个灾难。（我的这些反应和想法，对于一些人来说，听起来可能觉得有点骇人听闻或者不可理喻。我自己也是在学习家庭治疗的过程中才发现这样的反应和想法对于一个来自于离异家庭的孩子来说，是普遍存在的。）

所以，我说了这么多，你应该可以看出来，婚姻这件事对于我来说并不是一个简单的任务，就更不要提生儿育女了。不过奇怪的是，尽管我有这么多的恐惧，我却从来没有彻底打消过结婚和生儿育女的想法。正相反，当我看到了婚姻中存在着这么多的困难和风险，当我意识到了父母的关系会对孩子的身心发展产生这么巨大的影响时，我对于婚姻和生儿育女产生了一种敬畏。我没有害怕，反而渴望去完成这些任务。我希望能找到一个方式来保护我的婚姻，让它不要经历我父母所经历的；来保护我的孩子，让他不要经历我所经历的。所以说到这儿，又回到了文章开头时我提到的问题，真正让我接触父母效能训练的原因是什么——那正是我对于婚姻和生儿育女的恐惧和敬畏。

当我最开始决定接触 P.E.T. 父母效能训练的时候，我就像一个兴奋的小学生一样。我的兴奋来自我从中接触的那些新的视野、观点和交流方式，让我对自己将来成为一个有能力维持快乐家庭的妻子和母亲充满了希望。但当我慢慢地深入对"父母效能训练"的理解之后，我发现他所给我的并不仅仅是一个制作"快乐家庭"的秘方，而是一种平静的感觉。这种平静，能让我放下内心对于"冲突""失去"和"快乐"全部的恐惧。我意识到了一件我以前从来没意识到的事情，那就是我们全部的误解和纷争，其实仅仅是因为我们对另一个人说的话，只做了表面的、片面的理解——正所谓"只见树木不见森林"。误解和纷争的产生，是因为我们只顾着去挑剔对方的表达里那些形式上和措辞上的瑕疵，而忽略了对方真正想要表达的感受是什么。我们总是质问对方："你这么说是什么意思？"而不是去关注对方："你现在的感受是什么？"在误解和纷争中，我们总是试图让对方去为他所说的一切都提供一个合理、合逻辑的完美解释，而忽略了当误解和纷争发生的时候，双方激动的情绪其实让他们连话都说不清楚了，有时候自己都不知道自己在说什么，更不要提讲道理了。

也正是因为如此，在我学习 P.E.T. 父母效能训练的过程中，我学会了不要仅仅去听对方"说的话"，而要去潜心倾听对方"说的话"背后所代表的那些"情绪"和"感受"。当一个人对另一个人说"你根本不在乎我的死活"的时候，我听到的不仅仅是一句指责，反而是"指责者"内心的孤独、无助、挫败感和不安全感。当我看到一个小朋友带着一个不好的成绩回家的时候，我知道我不应该先入为主地去给他一个评定和判断。相反，我知道我应该先耐心地去倾听他的"情绪"和"感受"：他是否因为努力学习但没有得到期待的结果而感到"失望"？是否因为没能努力学习而在此刻感到"后悔"？是否因为他根本不喜欢这门课或者这个老师而感到"无所谓"？或者他是否因为取得了进步而感到"高兴"？

当我学会了去倾听我所爱的人的"感受"时，我觉得我的内心得到了提升。过去，我习惯了去期待所有的甜言蜜语在某一刻急转直下变成唇枪舌剑——在我心里，爱情是一个"消耗"的过程，而不是一个"积累"的过程。而现在，这些想法在我心里已经变得无比的荒谬可笑。我开始觉得我以前因为恐惧而幻想出来的悲剧可能并不会发生。当我开始去倾听我丈夫的"情绪"和"感受"，并努力尝试去理解这些"情绪"和"感受"所代表的他的需求的时候，我有什么理由觉得我们之间的关系会突然崩塌？当我也开始学会去表达我自己内心的"情绪"和"感受"的时候，我又有什么理由去害怕我们之间会突然停止交流？ P.E.T. 父母效能训练可能一开始会让你觉得它只是一系列谈话的技巧，但实际上它是一种教会你如何用心交流的训练。只要我们学会了如何用言语去反映我们的内心，然后用心去交流，那么我们的亲密关系中就没有什么跨不过去的坎儿，也没有什么没办法修复的裂痕了。

谈到裂痕，我还想说 P.E.T. 父母效能训练让我对于"冲突"这件事也有了新的理解。"冲突"对我来说，不再是两个人各自选择最刺耳的言语、用最高的音量去攻击对方最在意、最敏感的地方。正相反，"冲突"是一次机会，是一次让你去更多地了解对方的机会——你有机会去了解他深埋心底的感情，去发现他不为人知的一面，从而让你们的关系变得更近。更有意思的是，当你学会了在"冲突"的过程中去倾听，你会发现其实你们之间的共同点远比分歧要多。（想想你所经历的那些痛苦的吵架，其实他们的产生都是因为很小的分歧。吵来吵去的事情里面，可能你们俩的观点和立场有 80% 是相同的。）

英语中有一个谚语叫"把你的心挂在你的袖口上"，意思是一个人要自由地、开放地向世界表达自己内心真实的情绪和感受——这也正是我所理解的 P.E.T. 父母效能训练的核心内容。不过话说回来，真的要做到"把心挂在袖口上"是需要无比强大的勇气的，而这也正是我们要征服自己内心恐惧所需要的勇气。通过 P.E.T. 父母效能训练，我获得了这种勇气，这种勇气帮助我破除了内心恐惧的高墙，帮助我更好地认清了自己。在这个过程中，我很想感谢我挚爱的伴侣，感谢他一路以来给我的耐心和帮助。同时，我也很清楚这个漫长的旅程才刚刚开始，任重道远，而且前方的路上也充满了迷雾和崎岖。不过幸运的是，我们已经拥有了对方来做彼此的领航员。我还想对我未来的孩子说，你们的妈妈肯定不会是一个完美的妈妈，而且她可能会离"完美"差得很远，也一定会犯好多好多的错误。不过我希望你们知道，我会永远把我的心挂在我的袖口上，这样你们就可以随时看到她，去理解她、去触摸她。我也会把我的耳朵也挂在我的袖口上，这样你们就可以随时去向她倾诉，因为她随时都是为你们打开的。孩子，如果我们彼此都能做到这样，咱们还有什么可担心害怕的呢？

Rena

• **PET 父母效能训练讲师**

出生在北京，5 岁移民美国，从小就深刻体会着中式家庭和美式教育的碰撞。小时候就热爱看书和观察人性的她在美国排名第一的文理学院威廉姆斯大学读了文学系、心理学系双专业，之后在加州大学圣地亚哥分校的国际关系学院专研中美关系，取得了硕士学位。

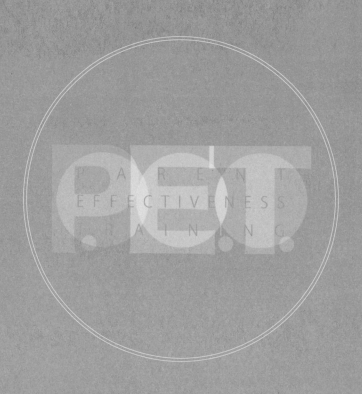

第七章
P.E.T. 讲师名录
（截至 2017 年 3 月）

北　区

茶茶·北京 ←

→ 辰安·济南

陈珏·大连 ←

→ 陈思明·北京

← 陈田菁·衡水

岫青·北京 →

← 董航·大庆

志贞·北京 →

← 风华·北京

Grace·北京 →

新羽·平顶山

韩序·北京

韩中敏·东营

胡喜来·秦皇岛

黄小瑜·北京

安罡·北京

← 李晶 · 北京

李汶亭 · 北京 →

← 梁凤娟 · 秦皇岛

林翠翠 · 哈尔滨 →

← 刘畅 · 北京

刘丽 · 北京 →

← 刘莉娜·天津

刘念·北京 →

← 芦光琳·北京

逯叶·大连 →

← 吕治旻·鄂尔多斯

马瑞·北京 →

马云霞·北京

存芳·北京

木瓜·济宁

NANA·呼和浩特

彭博·北京

秦璐·北京

大颖·北京

平琳·北京

石小民·北京

Rena·北京

文渊·北京

甜芮·北京

虹懿·北京

继萌·烟台

王丽·淄博

乔瓦娜·北京

王晓静·保定

王晓竹·北京

王艳杰·烟台

Wavy·北京

王媛·北京

吴海静·北京

萧飒·北京

辛晶·北京

闫虹 Megan·北京

闫珺 Aery·北京

颜言·北京

艳阳·衡水

杨多·北京

杨翌·济南

← 衣谷·北京

→ 张丽·北京

← 悦心·北京

→ 张宁（小脆）·青岛

← 张文莲·北京

→ 张扬·石家庄

← 张翼·北京

张子文·北京 →

← 赵涓·北京

赵心萍·太原 →

← 郑莉健·沈阳

旻敏·北京 →

郑薇薇 · 石家庄

朱丽英 · 北京

竹西 Kate · 石家庄

西 区

宣传用名	居住地	宣传用名	居住地	宣传用名	居住地
丽霞	昆明	江雪	成都	韩洋	成都
晓阳	成都	雁翎	成都	谭小微	重庆
叶菁	成都	明珠	成都	廖华媛	成都
宋丽	西安	蜗牛妈	成都	杨翠翠	成都
静雯	成都	洲恒	成都	张薇	重庆
七七	雅安	邹红萍	成都	孙境晨	库尔勒
熙芸	成都	怀小婷	成都	牛文鑫	西安
小涵	成都	冯睿曦	成都	孔菲	成都
菜菜	成都	凡人毅	重庆	亢娟	西安
姝颉	西安	一曼	成都	李佩泽	重庆
昊舒	成都	刘婷	昆明	宋晓蓓	成都
森碧	成都	秦莉	成都	李娟	成都
梧桐	成都	刘璐	西安	奉薇	成都
罗丽	成都	陈艳妮	西安	曾岚	成都
文岚	成都	施小容	成都	潘可欣	成都
柳叶	成都	云舒	成都	唐瑞羚	成都
小拉	重庆	曹雪	成都	胡晓	贵阳
zoe	成都	玲华	成都	王怡纯	贵阳
玮遥	成都	张泉	大理	陈静	成都
小贞	成都	zoey	成都	罗璇	自贡
奇灵	成都	易红	成都	徐睿轩	成都
六月	成都	姚进	成都	丁真真	成都
雪莹	成都	许珏	西安	朱棠梅	重庆
邓楠	成都	周琼	成都	魏湘	宝鸡
超宇	成都	王丹	成都	刘军	西安
笛音	成都	顾静	重庆	许迦怡	成都

南 区

宣传用名	居住地	宣传用名	居住地	宣传用名	居住地
安心	深圳	林悠然	长沙	甜蜜	深圳
刘萍 Coco	武汉	刘群 Rebecca	深圳	万伟玲	深圳
陈丽萍 Lily	深圳			王丹丹	湛江
陈玲敏	福州	刘水芬	吉安	王红贤	广州
春天	珠海	欣灵	南京	东炜	深圳
窦珺	厦门	瑛子	广州	香草	东莞
付琳	海口	LULU	广州	小雅	深圳
高恩	福州	落落	长沙	菲菲	厦门
果果花	武汉	马晨	珠海	徐夏苡	深圳
何骏	南宁	美丽	台州	徐洋	深圳
黄小恬	江门	美骁	广州	姚姚	广州
黄宇	深圳	欧丽梅	惠州	叶月幽	长沙
惠子	武汉	潘品瑛	厦门	亦真	长沙
嘉佳	厦门	琼林	东莞	游洁岚	东莞
静苓	深圳	珊珊	武汉	喻心	广州
冠华	东莞	邵钰雯	广州	袁艺	厦门
李良	衡阳	石琼	广州	云香	深圳
李胜玲	广州	时微	广州	舒恩	东莞
连晓旭	广州	思源	南宁	小艾 Emily	深圳
梁东丽	广州	宋凌	厦门	郑昕	厦门
梁敏	厦门	苏苏	厦门	周飒	梅州
琪雅	厦门	苏映雪	长沙	竹笛	深圳

东 区

宣传用名	居住地	宣传用名	居住地	宣传用名	居住地
真真	无锡	陈艳	上海	谢怡	温州
海燕	杭州	任思宇	杭州	宋杨	江西
贺越谦	温州	王颖慧	温州	褚娟	上海
黄莉	上海	肖乐雯	大理	金玉辰	嘉兴
微微辣	上海	叶林芳	衢州	王惠颖	上海
Echo	上海	林希清	南京	杨丹枫	杭州
牛牛	郑州	盛骋骋	南通	方娇	上海
任霞	上海	胡语芯	西安	黄楠	上海
雨滴	南京	赵秋霞	郑州	李逍遥	温州
风铎	上海	姚美玲	上海	朱春玲	金华
姚辉乾	郑州	赵慧丽	杭州	娄娄	厦门
弈一	南京	胡美丽	台州	赵斐	义乌
赵星	杭州	刘新	南京	沈琼	上海
郑正文	上海	徐丹	南京	吴泓晓	南京
马奇	徐州	王义欣	上海	杨开梅	苏州
跃飞	张家港	郭然	西安	刘书君	南昌
厉铭明	杭州	李姗姗	上海	刘彩彩	广州
周燕	南京	邹晓梅	上海	吴叶萍	上海
刘霄	上海	张惠竹	上海		

成为 P.E.T. 讲师并不是件容易做到的事，没法速成，需要接受系统的培训，有些人历时一年或更多的时间才能正式成为认证讲师。成为 P.E.T. 讲师不需要完美，但需要自己活出来 P.E.T. 的精神，首先要自己活出来，才能去给予，这是他们在讲师班里一再被淬炼的地方。

很开心在这本《P.E.T. 父母效能训练中国实践篇》里，看到活出 P.E.T. 精神的讲师们，将这种有效能的沟通模式，融入到她们的生活中去。中国父母必读，诚意推荐！

——P.E.T. 父母效能训练中国督导　安心

《P.E.T. 父母效能训练中国实践篇》呈现了沟通的精髓：不越界、不评判、无伤害、负责任、一致性和有效能。可以说，这本书是为每位平凡的家长度身定制的，通过它我们会了解到：原来大家都会遭遇沟通的困境；原来，沟通有这么多的奥秘；原来，可以这样来练习沟通；原来，我也可以做到；原来，为人父母可以更有效能、更轻松！

——P.E.T. 父母效能训练中国督导　微微辣

感谢 P.E.T. 父母效能训练课程中国督导安心老师、微微辣老师以及全中国的 P.E.T. 讲师和 P.E.T. 爱好者对本书的支持。

感谢

郭岩先生

编辑周朋女士

GTI 总裁 Linda Adams 女士

王漪女士

窦珺女士

对本书的倾情付出